MAMA TOCHTER BUCH

Und was machen wir jetzt?
Super Ideen für tolle Mütter

Karolin Küntzel

compact via ist ein Imprint der Compact Verlag GmbH

© 2011 Compact Verlag GmbH München

Text: Karolin Küntzel
Chefredaktion: Evelyn Boos
Redaktion: Heike Fröhlich, Tanja Greiner
Produktion: Johannes Buchmann
Abbildungen: siehe Bildnachweis S. 128
Titelabbildungen: fotolia.com/Iva Villi
Gestaltung: ekh Werbeagentur GbR
Umschlaggestaltung: h3a GmbH, München

ISBN 978-3-8174-8577-2
381748577/1

www.compact-via.de

VORWORT

„Wir haben ein Feenmobile gebastelt, Freundschaftsbänder geknüpft und Limbo getanzt. Mama ist die Coolste!"

Dieses Buch hält eine Menge origineller Ideen und Vorschläge parat, wie Sie zur Supermama werden können! Ob im Haus, im Garten oder in der freien Natur – überall finden sich Gelegenheiten, um die gemeinsame Zeit fantasievoll und kreativ zu gestalten. Sorgen Sie für leuchtende Augen und Begeisterungsstürme bei Ihrer Tochter!

Alle Vorschläge kommen ohne großen Materialaufwand aus und setzen keine besonderen handwerklichen Fertigkeiten voraus. Falls Ihr Kind für manche Ideen noch zu klein ist, können Sie natürlich jeden Vorschlag abwandeln. Auch der Papa darf mal in dem Buch stöbern und sich Anregungen holen. Ihrem Sohn wird vielleicht ebenfalls die ein oder andere Idee gefallen. Sogar Oma und Opa finden sicherlich das Passende für den Sonntagnachmittag.

Hauptsache, alle Beteiligten haben Spaß, Freude und genießen das harmonische Beisammensein!

MAMA ALS ...

MAMA ALS KÜNSTLERIN UND HANDWERKERIN

LATERNE, LATERNE

Das braucht ihr: 2 leere Cornflakes-Schachteln, Schere, Stift, Zeichen-schablone, Klebstoff, Farben, Laternenbügel oder Draht, Transparentpapier, elektri-schen Laternenstab

Wenn die Tage wieder kürzer werden und es früher dunkel wird, dann ist es an der Zeit, eine neue Laterne für den nächsten Umzug zu basteln. Habt ihr keine Lust, bis zum Herbst zu war-ten, baut ihr die Laterne einfach schon im Sommer und hängt sie beim Gartenfest auf. So habt ihr gleich eine stimmungsvolle Beleuchtung.

Für den Laternenkörper nehmt ihr zwei leere Cornflakes-Packungen. Ihr könnt auch Müslischachteln verwenden. Eure Laterne wird dann entsprechend kleiner. Von den beiden Kartons schneidet ihr zuerst die Deckel ab. Anschließend zeichnet ihr auf die Rückseite je-des Kartons ein großes „U". So groß, dass ungefähr ein Zentimeter Rand stehen bleibt. Schneidet das „U" aus. Auf die gegenüberliegende Seite zeichnet ihr die Mo-tive, die später leuchten sollen. Das können ganz traditi-onell Sonne, Mond und Sterne sein, aber auch fantasti-sche Figuren wie Feen oder Elfen. Hauptsache, sie gefallen euch! Natürlich könnt ihr auch eine Schablone zu Hilfe nehmen, um das Motiv aufzumalen. Sind alle Bilder auf den Karton gezeichnet, schneidet ihr sie mit der Schere aus.

Jetzt bemalt ihr die Vorder- und Seitenteile der Schachteln schön bunt. Die Rückseiten mit den ausge-schnittenen „U" brauchen keine Farbe, weil sie hinterher nicht zu sehen sind. Nun muss der Karton erst einmal gut trocknen. In dieser Zeit macht ihr eine kleine Pause oder ihr sucht euch das passende Papier aus.

Sind die Schachteln vollständig getrocknet, schneidet oder reißt ihr das Transparentpapier in Stücke. Klebt sie von innen hinter die ausgeschnittenen Motive. Ob ihr dabei für jedes Bild eine andere Farbe wählt oder euch nur für eine einzige entscheidet, bleibt ganz euch überlassen.

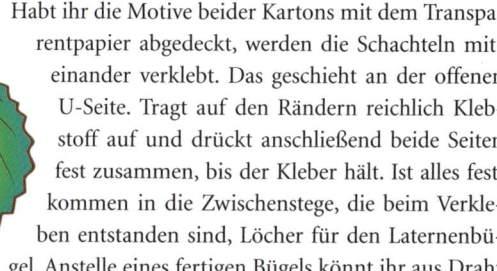

Habt ihr die Motive beider Kartons mit dem Transparentpapier abgedeckt, werden die Schachteln miteinander verklebt. Das geschieht an der offenen U-Seite. Tragt auf den Rändern reichlich Klebstoff auf und drückt anschließend beide Seiten fest zusammen, bis der Kleber hält. Ist alles fest, kommen in die Zwischenstege, die beim Verkleben entstanden sind, Löcher für den Laternenbügel. Anstelle eines fertigen Bügels könnt ihr aus Draht auch einfach selbst einen biegen. Jetzt muss nur noch der elektrische Laternenstab eingehängt werden. Fertig ist die eigene Laterne. Licht an, der Umzug kann beginnen! Ohne Lied? Undenkbar!

Laterne, Laterne,
Sonne, Mond und Sterne.
Brenne auf mein Licht,
brenne auf mein Licht,
aber nur meine liebe Laterne nicht.

Laterne, Laterne,
Sonne, Mond und Sterne,
Sperrt ihn ein, den Wind,
sperrt ihn ein, den Wind,
er soll warten, bis wir zu Hause sind.

Laterne, Laterne,
Sonne, Mond und Sterne,
Bleibe hell, mein Licht,
bleibe hell, mein Licht,
sonst strahlt meine liebe Laterne nicht.

FEENMOBILE

Das braucht ihr: Seide oder Kunstseide in verschiedenen Farben, großen Holzreif (Durchmesser mind. 15 cm), 12 kleine Styropor®-Kugeln, 4 m goldenen Faden, Schere, Nadel, Nylonschnur, Schraubhaken zum Befestigen

Mobiles faszinieren Kinder aller Altersstufen. Der Tanz der Figuren im Luftzug ist schön anzusehen. Hängt das Mobile über der Wickelkommode, beruhigt und fasziniert es die Allerkleinsten. Es lädt auch zum Spielen ein, denn die Figuren lassen sich anstupsen, in die Hand nehmen oder können durch Pusten einfach in Bewegung versetzt werden. Besonders gut geht das mit federleichten Modellen. Habt ihr Lust bekommen, euch selbst eines zu basteln? Dann los!

Für einen Feenreigen braucht ihr verschiedenfarbigen Seidenstoff. Nehmt z. B. die Farben des Regenbogens oder unterschiedliche Nuancen einer einzelnen Farbe. Von der Seide braucht ihr Stückchen in einer Größe von 20 x 20 Zentimetern. Wenn ihr Seidentücher in Taschentuchgröße bekommt, könnt ihr auch diese nehmen. Falls nicht, schneidet ihr den Stoff in zwölf gleich große Stücke. Das werden eure Feen.

Für den Kopf nehmt ihr eine Styropor®-Kugel. Platziert sie in die Mitte eines Seidentuchs. Legt den Seidenstoff um die Kugel herum und rafft ihn mit einem Stück Goldfaden unten zusammen. Die erste kleine Fee ist fertig! Die restlichen elf Feen bastelt ihr nach demselben Muster. Zum Aufhängen näht ihr ihnen oben am Kopf einen

Goldfaden an. Da sie später in unterschiedlicher Höhe hängen sollen, müssen auch die Fäden unterschiedlich lang sein. Messt dazu die Fadenlänge entweder vor dem Annähen ab oder wählt für alle Fäden die maximale Länge und kürzt sie nach dem Befestigen. Die Feen hängen später in einer Art Spirale an dem Holzring. Dazu sollte die erste etwa zehn Zentimeter unter dem Ring hängen. Die zweite Fee knotet ihr so fest, dass sie ca. zwei Zentimeter tiefer schwebt. Jede weitere wird in demselben Abstand daruntergehängt, sodass sich die letzte Fee ungefähr 30 Zentimeter unterhalb des Ringes befindet.

Alle zwölf Wesen befestigt ihr mit dem Goldfaden an dem Holzring. Dazu reicht in der Regel ein schlichter Doppelknoten. Achtet darauf, dass ihr sie in derselben Entfernung zueinander anknotet, damit das Gewicht zum Schluss gleichmäßig verteilt ist. Stimmen die Abstände nicht, hängt euer Feenreigen später schief an der Decke.

Zum Aufhängen des Mobiles nehmt ihr Nylonschnur. Diese hat den Vorteil, dass man sie nicht sieht. Es scheint dann so, als ob die Feen im Raum schweben. Befestigt den Faden an zwei gegenüberliegenden Punkten am Holzring. In das obere Ende macht ihr eine Schlaufe. Sucht einen schönen Platz im Zimmer aus, montiert dort einen Schraubhaken (sofern nicht vorhanden) und hängt das Mobile an der Schlaufe auf. Der Reigen der Feen kann beginnen! Wenn ihr sie sachte anpustet, tanzen sie für euch in luftiger Höhe.

PRINZESSIN TAUSENDSCHÖN

Das braucht ihr: *Schminkfarben, Rougepinsel, Schminkschwämmchen, Lipgloss, feinen Pinsel, dicken Pinsel, Glitter, Kosmetiktücher, Fettcreme oder Vaseline zum Abschminken*

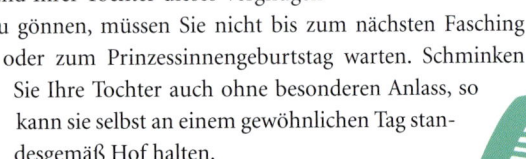

Kinder lieben es, sich zu verkleiden. Mit wenigen Kleidungsstücken und Accessoires wird aus einem kleinen Mädchen schnell eine wunderschöne Prinzessin. Wenn sie dann noch passend zum Kostüm geschminkt wird, ist die Freude meist riesengroß. Um sich und Ihrer Tochter dieses Vergnügen zu gönnen, müssen Sie nicht bis zum nächsten Fasching oder zum Prinzessinnengeburtstag warten. Schminken Sie Ihre Tochter auch ohne besonderen Anlass, so kann sie selbst an einem gewöhnlichen Tag standesgemäß Hof halten.

Zum Schminken von Kindern gibt es spezielle Farben. Sie sind gut verträglich und lassen sich leicht auftragen und wieder entfernen. Ebenfalls gut geeignet ist Theaterschminke. Sie deckt perfekt, lässt sich mit Wasser verdünnen und mit einem Schwämmchen schön gleichmäßig auftragen. Schminken Sie immer von der Gesichtsmitte nach außen. So verhindern Sie, dass Sie bereits aufgetragene Farbe wieder verwischen. Für große Flächen benutzen Sie ein Schwämmchen, feine Linien malen Sie mit einem dünnen Pinsel. Zum Abschminken tragen Sie reichlich Fettcreme auf, die sie anschließend mit einem Kosmetiktuch abwischen. Ist die Schminke wasserlöslich, könnt ihr sie einfach abwaschen.

Um eine Prinzessin zu schminken, zeichnen Sie mit einem feinen Pinsel auf die Stirn eine rosa Krone.

Nehmen Sie anschließend einen breiteren Pinsel, machen Sie ihn nass und verwischen Sie die rosa Kronenumrisse mit breiten Strichen nach unten. Die Augenlider malen Sie weiß an. Ziehen Sie die Farbe mit einem breiten Pinsel nach oben über die Lider hinweg in Richtung Krone, bis sich beide Farben treffen. Wischen Sie die Farben ineinander, bis ein schöner Übergang entsteht. Über die Nase, in die Mitte der rosafarbenen Krone, setzen Sie mit weißer Farbe eine Raute. Leicht verwischt wirkt sie wie ein Edelstein. Mit einem dünnen Pinsel umranden Sie die Krone mit schwarzer Farbe. Nehmen Sie danach einen dicken, feuchten Pinsel und ziehen Sie die Farbe von der Kontur weg nach innen in die Krone. Arbeiten Sie dabei zügig, weil die Schminke in der Regel schnell trocknet.

Die Lippen werden ebenfalls rosa angemalt. Mit einem dünnen Pinsel können Sie dann mit weißer Farbe kleine Akzente auftupfen. Zum Abschluss fahren Sie ganz vorsichtig mit Gloss über die Lippen. Wie schön das glänzt!

Die Wangen werden auch rosa bemalt. Tragen Sie die Farbe mit einem Rougepinsel oder einem Schwämmchen auf. Anschließend malen Sie mit einem dünnen Pinsel kleine Sterne an den Rand der rosa Wangen. Der Kontrast ist am schönsten, wenn Sie schwarze und/oder weiße Schminke wählen. Weil die Prinzessin eine ausgesprochen große Schmuckliebhaberin ist, malen Sie ihr mit einem dünnen Pinsel unterhalb der Ohren Creolen auf. Jetzt fehlt nur noch ein bisschen Glitter. Betupfen Sie Stirn und Wangen damit. Prächtig!

FEENKOSTÜM

Das braucht ihr: glänzenden grünen Stoff, weißen und rosafarbenen Tüll, Turnanzug (in Grün oder Weiß) oder eng anliegendes T-Shirt (in Grün oder Weiß), Textilfarbe, Nähgarn, Sicherheitsnadeln, Maßband, Nähmaschine, Gummiband, Drahtbügel, Pfeifenreiniger in Rosa, Rot und Grün, Pailletten, Schere, Stoffkleber, Holzlöffel, breites goldenes Geschenkband, 2 große Glassteine, Klebstoff

Verkleiden ist nicht nur für die Faschingsparty toll. Kinder lieben es in jeder Form. Sich einmal wie eine Prinzessin, Ballerina oder eine zarte Waldfee zu fühlen und auch noch so auszusehen, ist eine aufregende Erfahrung und schöne Erinnerung. Ein großer Fundus an Kleidungsstücken, die sich zum Kostümieren eignen, sollte deshalb in keinem Eltern-Kind-Haushalt fehlen. Haben Sie keine Lust, viel Geld dafür auszugeben, können Sie mit ein wenig Geschick auch selbst wundervolle Kostüme nähen.

Die Verkleidung für eine Waldfee entsteht aus einem Turnanzug und einem Rock. Vielleicht hat Ihre Tochter noch ein Turntrikot, das sich als Oberteil eignet, sonst nehmt ihr einfach ein eng anliegendes T-Shirt. Ist euer Oberteil weiß, färbt ihr es mit Textilfarbe ein. Diese bekommt ihr in der Drogerie. An

den gefärbten Anzug bzw. das T-Shirt näht ihr kleine gekräu-
selte Ärmelansätze aus weißem Tüll.

Für den Rock messt ihr den Bauchumfang der zukünftigen Fee. Nehmt vom
grünen Stoff die doppelte Breite des gemessenen Wertes. In der Länge sollte
der Rock später ungefähr bis zu den Knöcheln reichen. Näht den Stoff der
Länge nach zu einem Schlauch zusammen. Am oberen Ende näht ihr einen
Kanal, durch den ihr dann das Gummiband ziehen könnt. Jetzt folgt die
erste Anprobe. Fixiert die beiden Enden des Gummis mit einer Sicherheits-
nadel, wenn der Rock gut sitzt.

Auf den Rock näht ihr nun direkt am Bündchen zwei Lagen aus Tüll. Die
erste Lage reicht ungefähr bis zum Knie, die andere endet kurz darüber. Anschließend schneidet ihr die erste, untere Stofflage so ein, dass lange, schmale, dreieckige Stücke entstehen, die an ein Blatt oder einen Blütenkelch erin-
nern. Die Säume werden umgenäht. Verziert den Rock mit Pfeifenreinigern,
die ihr in Form eines Blattes oder in Kringeln aufklebt oder anheftet. Pailletten könnt ihr auch aufnähen.

Aus den Drahtbügeln biegt ihr Feenflügel. Sie werden mit Tüll bespannt, der
an den Rändern um den Draht geklebt wird. Wenn ihr sie mit einem Gummiband versehr, kann die Fee ihre Flügel später an- und abschnallen. Eine
Fee braucht natürlich auch einen Zauberstab. Dafür umwickelt ihr einen
Holzlöffel mit breitem goldenem Geschenkband. Lasst am unteren Ende
ruhig an die 20 Zentimeter Goldband überstehen. Die Bänder können dann
beim Zaubern schön flattern. Auf den Kopf des Holzlöffels klebt ihr auf jede
Seite noch einen „Edelstein". Wie das funkelt!

Ist alles fertig, kann die kleine Waldfee in ihrem schicken Kleid der Mama
sicher den einen oder anderen Wunsch erfüllen, wenn sie ihren Zauberstab
schwingt.

BEWEGTE BILDER

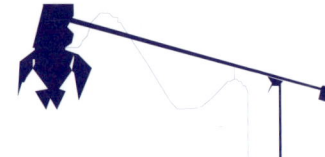

Das braucht ihr: Papier, Stift, Film-kamera, verschiedene Kostüme und Requisiten, Schminke, CD-Player, Musik-CDs, Darsteller

Geht ihr gerne ins Kino? Habt ihr eine Lieblingsserie im Fernsehen? Die meisten Menschen lieben Filme. Die Geschichten, die in ihnen erzählt werden, können lustig oder traurig, spannend, aufregend, gefühlvoll oder besinnlich, albern und manchmal auch langweilig sein. Sie handeln von Menschen, Tieren oder Gegenständen, erzählen von Vergangenem, der Zukunft oder spielen im Hier und Jetzt. Es gibt lange und kurze Filme, schwarzweiße und farbige, mit gezeichneten Figuren und echten Personen. Diese Vielfalt sorgt dafür, dass für jeden der passende Film dabei ist.

Habt ihr schon einmal gehört oder gesehen, wie Spielfilme gemacht werden? Eine Menge Leute sind am Set – so nennt man den Drehort – beschäftigt. Viele Menschen sind von der Idee bis zur Aufführung des Films beteiligt. Es geht aber auch einige Nummern kleiner. Um einen eigenen kurzen Film zu drehen, müsst ihr nicht gleich einen Kameramann oder einen Regisseur anheuern. Ihr übernehmt diese Aufgaben einfach selbst, genau wie die des Beleuchters, Tonmeisters, Kostümbildners und natürlich die der Schauspieler. Wäre doch gelacht, wenn man das alles nicht selbst machen könnte! Das Wichtigste ist sowieso erst einmal eine gute Idee. Ohne ein interessantes Thema oder eine gute Handlung wäre jeder Film zum Gähnen. Mit einer hieb- und stichfesten Story jedoch sind auch mit wenig Budget schon supercoole Filme entstanden!

Schnappt euch einen Stift und ein paar Blatt Papier. Überlegt euch, wovon euer Film handeln soll. Welche Geschichte wollt ihr erzählen, welche Personen kommen darin vor? Wann spielt das Ganze? Dieser Punkt ist besonders für die spätere Ausstattung wichtig. Reist ihr weit in die Vergangenheit, sieht es komisch aus, wenn die Hauptdarstellerin eine Uhr am Handgelenk hat oder im Hintergrund ein Bus vorbeifährt. Auch mit den Kostümen müsst ihr bei einem Historienfilm besonders aufpassen, damit ihr Kleidungsstücke auswählt, die es damals überhaupt gab.

Legt die Eckpunkte und die Hauptpersonen eurer Geschichte fest. Wenn ihr wollt, schreibt ihr anschließend die Dialoge auf. Worüber reden die Menschen, wie unterhalten sie sich? Ihr könnt natürlich auch improvisieren und ganz ohne Drehbuch spielen. Wichtig ist vor allem, dass es euch Spaß macht! Besprecht, welche Gegenstände für den Film wichtig sind. Verfilmt ihr z. B. eine Hexengeschichte, braucht ihr einen fliegenden Besen und ein Kopftuch. Dreht ihr einen Fußballfilm, müsst ihr euch einen Ball und vielleicht Turnschuhe organisieren. Welche Dinge sind unentbehrlich, auf welche könnt ihr zur Not verzichten?

Ein Film ohne Musik ist fast undenkbar. Macht euch Gedanken, ob und wie ihr die Szenen musikalisch untermalen könnt. Dreht ihr eine Detektivgeschichte, ist dramatische Musik gut, in einer Liebesgeschichte sorgen dagegen romantische Melodien für Stimmung. Auch Schminke darf natürlich nicht fehlen! Mit der aufgemalten Warze wird die Hexe erst richtig gruselig, ein blaues Gesicht sorgt für echt außerirdische Optik. Habt ihr alles vorbereitet und bereitgelegt, kann es losgehen. Klappe, die erste! Ton ab, Kamera läuft! Uuuund Action!

BATIKEN

Das braucht ihr: Kleidung aus Baumwolle, Batikfarbe, Gummihand-schuhe, Kerze oder Batikwachs, Pinsel, Schnur, Schüssel, Bügeleisen, Löschpapier

Batik ist eine Technik zum Färben von Stoffen. Dabei wird ein Teil des Stoffes abgedeckt, sodass er dort keine Farbe annehmen kann. Das Ergebnis ist immer einzigartig, weil es in Handarbeit gefertigt wird. Nur ihr besitzt ein Stück mit diesem Muster.

Eine Batik lässt sich auf zwei Arten herstellen: als Wachsbatik oder als Schnur- bzw. Knüpfbatik. Beide Techniken sind nicht schwierig! Für die Wachsbatik benötigt ihr Batikkaltfarbe. Sie färbt den Stoff bereits bei niedrigen Temperaturen. Das ist wichtig, weil sich sonst das Wachs vom Stoff lösen würde.

Zeichnet mit einem Bleistift das Motiv ganz leicht auf den Stoff. Tropft dann entweder mit dem Wachs einer angezündeten Kerze die Umrisse eures Bildes nach oder malt mit dem geschmolzenen Batikwachs und einem Pinsel die Konturen nach. Löst die Batikfarbe in einer Schüssel mit Wasser auf und taucht dann den Stoff vollständig ein. Zieht dazu unbedingt Gummihandschuhe an, denn die Farbe färbt neben Textilien auch hervorragend die Haut! Auf der Packung der Farbe steht, wie lange das Kleidungsstück baden muss. Nach der Färbezeit muss der Stoff erst trocknen, bevor ihr das Wachs ausbügeln könnt. Dazu legt ihr zwischen Stoff und Bügeleisen Löschpapier, welches das geschmolzene Wachs aufsaugt.

Für die Schnürbatik umwickelt ihr euren Stoff fest mit einer Schnur und färbt ihn nach der Anleitung auf der Packung. Wickelt ihr das Kleidungsstück anschließend wieder aus, sind an den abgebundenen Stellen helle Linien zu sehen. Hübsch, oder?

MARMORIERTE TEELICHTER

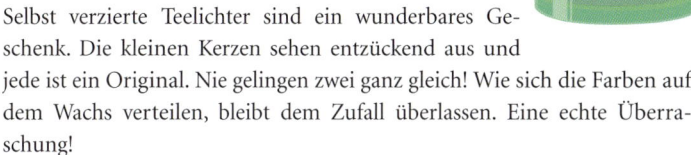

Das braucht ihr: *Teelichter, Draht, Einmalhandschuhe, Schaschlik-Spieße, Marmorierfarbe, ein altes Gefäß, Wasser, Küchenrolle*

Selbst verzierte Teelichter sind ein wunderbares Geschenk. Die kleinen Kerzen sehen entzückend aus und jede ist ein Original. Nie gelingen zwei ganz gleich! Wie sich die Farben auf dem Wachs verteilen, bleibt dem Zufall überlassen. Eine echte Überraschung!

Teelichter zu marmorieren, ist einfach. Allerdings lassen sich die dafür verwendeten Farben nur schwer wieder entfernen. Zieht deshalb lieber ein altes T-Shirt an und tragt unbedingt Einmalhandschuhe! Die speziellen Farben bekommt ihr im Bastelladen. Stellt euch ein Sortiment mit euren Lieblingsfarben zusammen. Wieder zu Hause braucht ihr ein altes sauberes Gefäß (Dose, Vase). Nehmt nur, was sonst im Müll landen würde, denn die Farbe lässt sich auch hier nur unter allergrößten Anstrengungen wieder entfernen.

Füllt das Gefäß mit Wasser. Jetzt präpariert ihr die Teelichter. Nehmt die Kerzen dazu aus ihrer Aluminiumschale. Entfernt vorsichtig den Docht. Durch das Loch in der Kerze steckt ihr den Draht und biegt ihn unten um, damit die Wachsscheibe nicht herunterrutscht. Spätestens jetzt solltet ihr die Handschuhe anziehen. Gebt von der Marmorierfarbe ein bis zwei Tropfen in das Wasser. Rührt mit einem Holzstäbchen vorsichtig ein Muster hinein. Tunkt das Teelicht zügig in die Farbe und zieht es gleich wieder heraus. Zum Trocknen kommt es auf ein Stück Küchenrolle.

BESONDERES BRIEFPAPIER

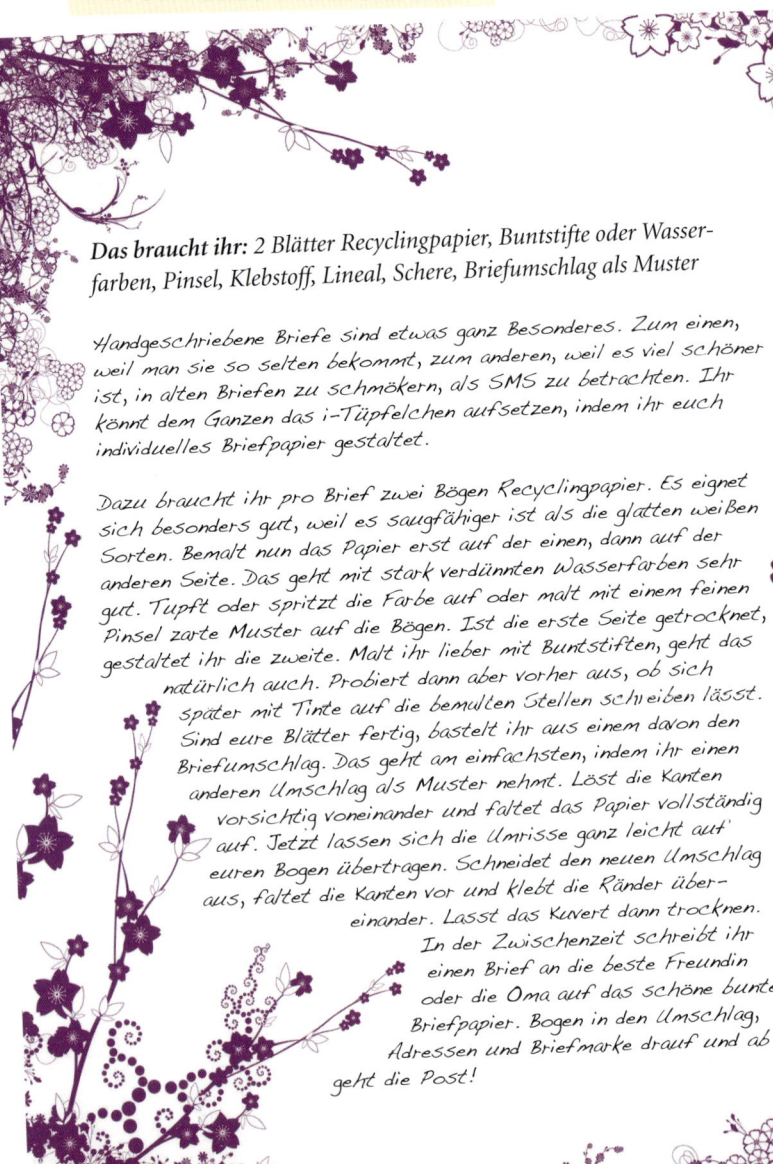

Das braucht ihr: *2 Blätter Recyclingpapier, Buntstifte oder Wasser-farben, Pinsel, Klebstoff, Lineal, Schere, Briefumschlag als Muster*

Handgeschriebene Briefe sind etwas ganz Besonderes. Zum einen, weil man sie so selten bekommt, zum anderen, weil es viel schöner ist, in alten Briefen zu schmökern, als SMS zu betrachten. Ihr könnt dem Ganzen das i-Tüpfelchen aufsetzen, indem ihr euch individuelles Briefpapier gestaltet.

Dazu braucht ihr pro Brief zwei Bögen Recyclingpapier. Es eignet sich besonders gut, weil es saugfähiger ist als die glatten weißen Sorten. Bemalt nun das Papier erst auf der einen, dann auf der anderen Seite. Das geht mit stark verdünnten Wasserfarben sehr gut. Tupft oder spritzt die Farbe auf oder malt mit einem feinen Pinsel zarte Muster auf die Bögen. Ist die erste Seite getrocknet, gestaltet ihr die zweite. Malt ihr lieber mit Buntstiften, geht das natürlich auch. Probiert dann aber vorher aus, ob sich später mit Tinte auf die bemalten Stellen schreiben lässt. Sind eure Blätter fertig, bastelt ihr aus einem davon den Briefumschlag. Das geht am einfachsten, indem ihr einen anderen Umschlag als Muster nehmt. Löst die Kanten vorsichtig voneinander und faltet das Papier vollständig auf. Jetzt lassen sich die Umrisse ganz leicht auf euren Bogen übertragen. Schneidet den neuen Umschlag aus, faltet die Kanten vor und klebt die Ränder über-einander. Lasst das Kuvert dann trocknen. In der Zwischenzeit schreibt ihr einen Brief an die beste Freundin oder die Oma auf das schöne bunte Briefpapier. Bogen in den Umschlag, Adressen und Briefmarke drauf und ab geht die Post!

COOLER KARTOFFELDRUCK

Das braucht ihr: große Kartoffeln, Messer zum Schnitzen, Stift, Papier, Keksförmchen aus Metall, Küchenrolle, Textilfarbe, T-Shirt oder Stofftaschen zum Bedrucken

Kartoffeldruck ist eine alte und sehr einfache Technik, um tolle Muster oder Bilder auf Stoff und Papier zu drucken. Fragt mal eure Großmutter, sie hat sicher auch schon einmal mit solchen Stempeln hantiert und kann euch von ihren Erfahrungen erzählen.

Zuerst wascht ihr die Kartoffeln und schneidet sie in der Mitte durch. Dann zeichnet ihr eine Form oder ein Muster auf die Schnittfläche. Diese Form bleibt später stehen und stellt den Stempel dar. Fahrt mit dem spitzen Messer die Konturen der Form nach und schneidet vorsichtig alles, was außerhalb von ihr liegt, weg. Dann trocknet ihr die Schnittfläche mit Küchenrolle ab. Noch einfacher geht es, wenn ihr Plätzchenformen aus Metall habt. Sie lassen sich gut in die Kartoffel drücken. Wenn ihr sie während des Ausschneidens in der Kartoffel lasst, kann es auch nicht passieren, dass ihr zu viel wegschneidet.

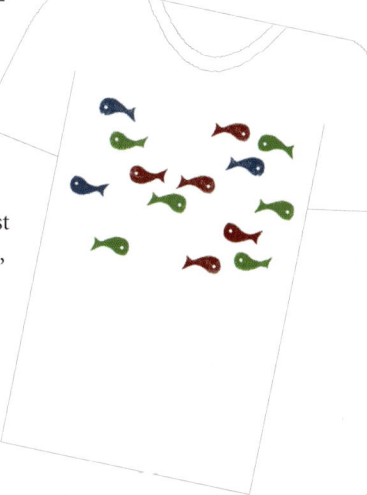

Streicht die Schnittfläche mit der Textilfarbe ein und macht einen Probedruck auf Papier. Seid ihr mit dem Ergebnis zufrieden, könnt ihr den Stoff bestempeln. Wollt ihr in mehreren Farben stempeln, ist es am besten, mit der hellsten anzufangen. Vor einem Farbwechsel müsst ihr den Stempel gründlich abwischen, sonst vermischen sich die Töne. Die auf den Stoff aufgetragenen Motive müssen anschließend noch fixiert werden. Wie das geht, steht auf der Packung der Textilfarbe.

KUMMERBRIEFKASTEN FÜR TRÜBE TAGE

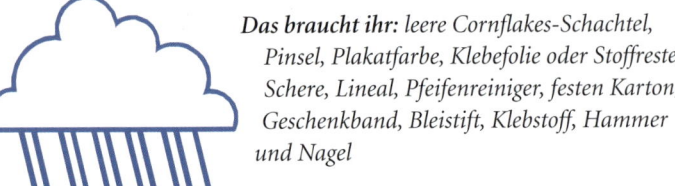

Das braucht ihr: leere Cornflakes-Schachtel,
Pinsel, Plakatfarbe, Klebefolie oder Stoffreste,
Schere, Lineal, Pfeifenreiniger, festen Karton,
Geschenkband, Bleistift, Klebstoff, Hammer
und Nagel

Auch kleine Mädchen haben ihre ganz speziellen
Sorgen und Nöte. Das kann Ärger über den kleinen Bruder sein oder Kummer darüber, dass die Nachbarskinder wegziehen.
Manchmal sind die Gefühle sogar so groß, dass es leichter ist, sie aufzuschreiben oder aufzumalen, als sie direkt auszusprechen. In diesem Fall ist
ein Kummerbriefkasten genau richtig.

Nehmen Sie sich ein wenig Zeit und basteln Sie mit Ihrer Tochter einen. Sie
brauchen dafür eine leere Cornflakes-Schachtel. Damit aus ihr ein schmucker Briefkasten wird, zeichnet ihr mit dem Lineal in das obere Drittel der
Vorderseite einen schmalen Schlitz für den Briefeinwurf. Sollen die Briefe
später gut hindurchpassen, muss er mindestens zwölf Zentimeter breit und
zwei Zentimeter hoch sein. Schneidet den Einwurf sorgfältig aus. Da Briefe
aber nicht nur eingeworfen, son-
dern auch entnommen wer-
den, braucht ihr zusätzlich
eine zweite Klappe. Auch sie
hat auf der Vorderseite der
Schachtel ihren Platz. Zeichnet
dazu ein großes Rechteck in
das untere Drittel des Kartons.
Zeichnet das Rechteck genauso breit wie den Schlitz, aber
mindestens zehn Zentimeter
hoch. So lassen sich die eingeworfenen Briefe später leicht
herausnehmen. Ihr schneidet
die beiden Seitenlinien und
die untere Linie des Recht-

ecks entlang. Die obere Kante bleibt unberührt. An ihr entlang könnt ihr die Pappe mit einem stumpfen Gegenstand leicht eindrücken, sodass ein Falz entsteht. Jetzt habt ihr eine Klappe, die sich nach oben biegen lässt, um an den Brief zu kommen. Sie lässt sich später leichter öffnen, wenn ihr unten eine kleine Schlaufe aus Geschenkband befestigt.

Seitlich in den Cornflakes-Karton bohrt ihr ein kleines Loch – gerade so groß, dass ihr den Pfeifenreiniger hineinschieben könnt. Biegt ihn innen um, damit er nicht mehr herausrutschen kann. Außen knickt ihr ihn nach unten weg. Er dient euch später als Anzeiger dafür, dass ein Brief im Kasten ist. Zeigt er nach oben, gibt es Post, deutet er nach unten, ist der Briefkasten leer.

Ist der Zeiger befestigt, klebt ihr die obere Öffnung der Schachtel zu. Schneidet aus festem Karton einen Halbkreis in der Breite der Schachtel aus. Er wird an der Rückseite des Kummerkastens festgeklebt und dient dem Postkasten als Aufhängung.

Im Prinzip ist euer Briefkasten jetzt fertig. Allerdings sind Cornflakes-Schachteln selten besonders hübsch. Verschönert deshalb euer Werk mit Plakatfarben oder Klebefolie. Ganz professionell sieht es aus, wenn ihr es mit Stoff bezieht. Klappe und Schlitz müsst ihr in dem Fall natürlich wieder frei lassen. Fertig! Jetzt braucht ihr nur noch einen Platz auszusuchen und den Kasten zu befestigen.

Übrigens: Mit dem Briefkasten lässt sich natürlich auch ohne Kummer ganz prima Post spielen!

KUNTERBUNTES MOSAIK

Das braucht ihr: alte Fliesen oder fertige Mosaiksteine, weiches Tuch, Schutzbrille, Hammer, Fliesenkleber oder Holzleim, Spachtel, Fugenmasse, Eimer, Rührstab, Schwamm, Gegenstand zum Bekleben (Tisch, Kommode, Tablett), Leisten aus Holz oder Metall, Schrauben

Wenn ihr noch Fliesen von der letzten Renovierung übrig habt, könnt ihr daraus wunderschöne Mosaike legen. Die Fliesen sollten nur die gleiche Höhe haben, sonst wird die Oberfläche eures Mosaiks später ganz hügelig. Schön sind Fliesen in unterschiedlichen Farben, denn dann könnt ihr Muster legen. Um kleine Stücke zu bekommen, zerschlagt ihr die Fliesen. Setzt dabei bitte unbedingt eine Schutzbrille auf, weil es schnell passieren kann, dass Stückchen der Keramik unkontrolliert durch die Gegend fliegen. Die Fliese legt ihr mit ihrer schönen Seite nach unten auf ein weiches Tuch, damit sie nicht zerkratzt. Dann schlagt ihr sie mit dem Hammer vorsichtig in kleine Stücke.

Ihr habt keine alten Fliesen mehr und die Nachbarn auch nicht? Macht nichts! Mosaiksteine gibt es in allen Farben und Größen auch fertig im Bastelladen zu kaufen. Sie haben den Vorteil, dass sie an den Kanten abgerundet sind und ihr euch nicht daran schneiden könnt.

Jetzt braucht ihr etwas, das ihr verschönern wollt. Das kann ein einfaches Tablett sein, ein Gartentisch oder auch nur eine schlichte Holzplatte. Für alle Gegenstände, die nicht von sich aus einen Rahmen haben, wie das Tablett, in das ihr euer Mosaik legen könntet, baut ihr am besten einen. Er sollte so hoch wie die spätere Fliesenoberfläche und aus dem gleichen Material wie das Objekt sein, auf das ihr euer Mosaik kleben wollt.

Das Prinzip der Mosaikherstellung ist bei allen Gegenständen gleich. Ihr ordnet die Steine auf der Unterlage probeweise an. So könnt ihr gleich sehen, ob euch die Anordnung gefällt. Habt ihr ein Muster gelegt, mit dem ihr zufrieden seid, könnt ihr mit dem Kleben anfangen.

Ist die Fläche groß und der Untergrund aus Metall oder Stein, verwendet ihr am besten Fliesenkleber. Den gibt es bereits fertig angerührt im Baumarkt und er kann direkt benutzt werden. Achtet darauf, dass der Untergrund sauber und fettfrei ist, sonst haftet der Kleber nicht gut. Tragt ihn in gleichmäßiger Stärke auf die Fläche auf und drückt die einzelnen Mosaiksteinchen oder Fliesenstücke leicht hinein. Zwischen den Steinen lasst ihr etwas Abstand.

Ist der Untergrund aus Holz und die Fläche nicht sehr groß, kleben die Stückchen auch mit Holzleim am Untergrund. Wenn die gesamte Fläche beklebt ist, muss sie ausreichend trocknen. Wie lange das dauert, steht auf der Packung des Klebers.

Zum Verfugen rührt ihr die Fugenmasse nach Packungsanleitung an. Verteilt sie gleichmäßig über den Steinen und wischt sie mit dem Schwamm in die Fugen hinein. Wenn die Masse etwas angetrocknet ist (nach ungefähr einer halben Stunde), könnt ihr mit dem gut ausgewaschenen Schwamm den verbliebenen Fugenschleier von den Fliesen waschen. Bevor ihr euer neues Schmuckstück in Gebrauch nehmt, lasst ihr es richtig gut trocknen.

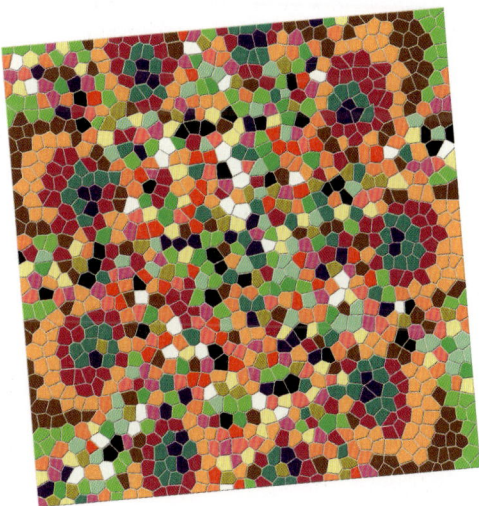

LIEBES TAGEBUCH ...

Das braucht ihr: Papier, Schere, Kleber, Lineal, dünne, aber starke
Schnur, dicke Nadel, stabile Pappe für Buchdeckel und Buchrücken
Zum Gestalten des Buches: Stoff, Zackenschere, Lesebändchen, Stempel,
Stempelfarbe, Stifte, Klettband

Früher oder später kommen Töchter in das Alter, wo sie ihrer Mama nicht mehr alles erzählen wollen. Sie haben ihre kleinen und großen
Geheimnisse, die sie vielleicht ihrer besten
Freundin anvertrauen oder aber ihrem Tagebuch.
Wenn ihre Tochter noch keines hat, können Sie
ihr sicher eine Riesenfreude bereiten, indem
Sie mit ihr zusammen ein Buch binden und
ansprechend gestalten.

Sucht zuerst schönes Papier aus. Weiße Blätter bieten sich an, wenn ihr die Seiten später noch einzeln bedrucken oder bekleben wollt. Farbiges Papier sieht auch ohne
zusätzliche Verschönerungen klasse aus. Welches Format soll das
Buch haben? DIN-A4-Papier bekommt ihr in jedem Kaufhaus und Schreib-
warenladen, bei DIN A5 oder noch kleineren Formaten gibt es nicht mehr
so viel Auswahl. Die Papierbögen lassen sich natürlich in jedes von euch
gewünschte Format schneiden. Sie sollten nur alle dieselbe Größe haben.
Die Menge der Blätter hängt davon ab, wie dick das Tagebuch werden soll.

Legt alle Blätter genau aufeinander. Stecht nun mit der Nadel an der länge-
ren Seite links am Rand Löcher in das Papier. Für DIN-A4-Formate braucht
ihr mindestens acht Löcher, bei kleineren Größen sechs. Damit die Löcher
gleichmäßig verteilt sind, messt ihr die Abstände mit dem Lineal. Das erste
Loch befindet sich einen Zentimeter vom unteren Rand, das letzte einen Zentimeter vom oberen Rand entfernt. Alle anderen verteilt ihr in regelmäßigen Abständen dazwischen.

Den Faden zum Nähen des Buches schneidet ihr in dreifacher Buchlänge
zurecht. Unten kommt ein Knoten hinein, damit er nicht durchrutscht. Ver-

näht die Seiten von unten nach oben und von vorn nach hinten, bis sie alle gut miteinander verbunden sind. Oben wird der Faden verknotet und abgeschnitten.

Bevor ihr das Buch in die Pappe klebt, befestigt ihr am Buchrücken das Lesebändchen. Näht oder klebt es fest. Schneidet die Pappe so zu, dass das Buch genau hineinpasst. Stimmen die Maße, bestreicht ihr die gebundenen Papierbögen oben und am Buchrücken mit Kleber. Drückt die Pappe gut fest, dreht das Buch um und klebt auch die Rückseite ein.

Ist alles gut getrocknet, verschönert ihr den Einband mit Stoff. Schneidet mit der Zackenschere kleine Stücke aus und verklebt sie kreuz und quer auf dem Einband. Schneidet eine kleine Lasche, an der ihr ein Stückchen Klettverschluss befestigt. Das Gegenstück klebt ihr auf die Vorderseite des Buches, sodass es sich verschließen lässt.

Wollt ihr zusätzlich die Innenseiten gestalten, bieten sich dazu Stempel an. Wie wäre es z. B. mit einer Seitennummerierung oder einer durchgehenden Borte? Zum Schluss kommt noch der Name hinein und der Hinweis, dass das Lesen des Tagebuchs für alle anderen außer der Besitzerin bei Strafe verboten ist. Logisch!

KETTEN UND CO. AUS NATURMATERIALIEN

Das braucht ihr: Apfel-, Sonnenblumen- und Kürbiskerne, Hülsenfrüchte, Sternanis, Kardamomblüten, Muscheln, Federn, Zapfen, Steine mit Loch, Hölzchen, Nadel, Garn, Bänder, Fingerhut, Klebstoff, Farbe, Ring-Rohling, Aufhänger für Ohrringe, Lederband, Silberdraht, Taschenmesser

Alle Mädchen lieben Schmuck. Ketten, Armbändern, Haarreifen, Ringen oder Fußkettchen können die wenigsten kleinen weiblichen Wesen widerstehen. Wenn Sie und Ihre Tochter sich auch so gerne schmücken, basteln Sie doch zusammen einmal Schmuck aus allem, was sich in der Natur finden lässt.

Macht einen Spaziergang und haltet die Augen offen. Welche Fundstücke könnten sich z. B. zu einer Kette verarbeiten lassen, was eignet sich für einen Ring? Im Wald findet ihr Zweiglein und Zapfen, am Strand hübsche Schneckenhäuser und Steine mit Loch. Sammelt alles ein, was euch gefällt! Es darf nur nicht zu groß oder schwer sein. Auch zu Hause lässt sich reiche Beute machen. Erbsen, Linsen, Kerne aller Art, sogar Gewürze könnt ihr für eure Schmuck-Kollektion verwenden.

Aus Apfelkernen lassen sich beispielsweise sehr schöne Armbänder und Ketten fädeln. Dazu braucht ihr eine Menge frischer Apfelkerne, die ihr mit einer Nadel auf einen elastischen Faden zieht. Benutzt dafür sicherheitshalber einen Fingerhut und seid vorsichtig, weil die Nadel von dem glatten Kern leicht abrutschen kann. Mit den Äpfeln, aus denen ihr die Kerne gepult habt, könnt ihr anschließend einen leckeren Kuchen belegen.

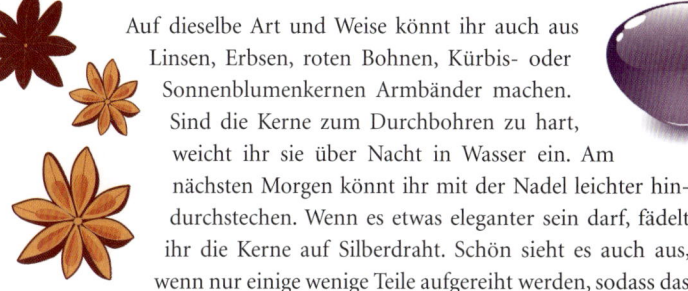

Auf dieselbe Art und Weise könnt ihr auch aus Linsen, Erbsen, roten Bohnen, Kürbis- oder Sonnenblumenkernen Armbänder machen. Sind die Kerne zum Durchbohren zu hart, weicht ihr sie über Nacht in Wasser ein. Am nächsten Morgen könnt ihr mit der Nadel leichter hindurchstechen. Wenn es etwas eleganter sein darf, fädelt ihr die Kerne auf Silberdraht. Schön sieht es auch aus, wenn nur einige wenige Teile aufgereiht werden, sodass das Silberarmband noch zu sehen ist.

Sobald sie trocken sind, lassen sich die aufgefädelten Kerne und Hülsenfrüchte auch prima bemalen. Wie wäre es mit Knallrot oder Himmelblau? Wenn jedes Element eine andere Farbe bekommt, entstehen dadurch poppig bunte Ketten.

Um Ringe zu basteln, verwendet ihr die schönsten Fundstücke. Das können kleine Steine oder Schneckenhäuser sein, Rindenstückchen, aber auch Gewürze wie Sternanis oder Kardamomblüten. Im Bastelladen bekommt ihr dafür fertige Ring-Rohlinge, auf die ihr euer Objekt einfach kleben könnt. Dort findet ihr auch Aufhänger für Ohrringe. Mit Silberdraht könnt ihr an ihnen z. B. Federn oder leichte, entrindete Hölzchen befestigen. Toll sehen mehrfach verzweigte zarte Stöckchen aus. Auch Schwemmhölzchen von der Küste machen am Ohr einen schicken Eindruck.

Hühnergötter – das sind Steine mit einem durchgehenden Loch – sehen am schlichten Lederband ebenso klasse aus wie auffällige Muscheln, bunte Schneckenhäuser oder einzelne Federn. Vielleicht findet ihr auch ein vom Meer glatt geschliffenes Stück Glas. Mit Silberdraht umwickelt, wird daraus ein toller Anhänger.

FREILUFT-MÄRCHEN-THEATER

Das braucht ihr: Märchenbuch, passende Kostüme
(Hüte, lange Mäntel, Kleider, Tücher etc.),
Bühne

Jedes Kind liebt Märchen. Auch als Erwachsener kann man sich ihrer Wirkung nicht entziehen. Übt doch zusammen mal eines eurer besonders geliebten Märchen ein und ladet eure Freunde und Verwandten zu einem prima Freiluft-Märchen-Theater-Abend ein!

Zuerst müsst ihr euch natürlich auf eine Geschichte einigen. Dabei hilft euch sicher ein Märchenbuch. Lest eure Favoriten noch einmal durch und überlegt euch dabei, welche Rollen zu besetzen sind. Habt ihr euch für eine Erzählung entschieden, verteilt ihr die Rollen. Wer spielt welche Person? Wenn ihr nicht genug Schauspieler seid, müsst ihr vielleicht eine Rolle herauskürzen. Überlegt euch, ob ihr die Texte ablesen oder improvisieren wollt. Dafür müsst ihr euch den Text ausdenken, während ihr spielt. Sind diese Fragen geklärt, kümmert ihr euch um die Ausstattung eures Stückes.

Welche Kostüme und Verkleidungen braucht ihr? Wo soll die Bühne im Garten errichtet werden? Welche Gegenstände benötigt ihr unbedingt für das Märchen, weil sie im Stück eine wichtige Rolle spielen (z. B. der Apfel bei Schneewittchen)? Sucht alles zusammen. Wenn ihr damit fertig seid, probt ihr das Stück. Wenn alles halbwegs klappt, schreibt ihr Einladungskarten und bereitet euren großen Abend vor. Dann heißt es: Bühne frei und toi, toi, toi!

KRIPPENFIGUREN

Das braucht ihr: *300 g Mehl, 300 g Salz, 200 ml lauwarmes Wasser, 1 EL Pflanzenöl, 1 Rührschüssel, 1 Holzlöffel, 1 Messbecher, Backpapier, Ausstechformen, Acrylfarben, 1 Pinsel*

Krippenfiguren lassen sich aus Salzteig ganz leicht selbst herstellen. Der Teig ist schnell gemacht, kostet fast nichts und kann auch von kleinen Händen gut geknetet werden.

Dafür gebt ihr 300 Gramm Salz in eine Schüssel und gießt das abgemessene Wasser hinzu. Rührt alles gut durch, bis sich das Salz ganz im Wasser gelöst hat. Dann fügt ihr das Mehl und das Pflanzenöl hinzu. Jetzt wieder alles kräftig rühren und mit den Händen durchkneten, bis sich ein fester Teig bildet. Schabt die Schüssel gründlich aus und formt aus der Masse eine Kugel. Jetzt rollt ihr diese auf einer bemehlten Arbeitsfläche aus und stecht mit den Förmchen die Personen und Tiere der Krippenszene aus. Damit die flachen Figuren später in der Krippe nicht umfallen, formt ihr ihnen am Fußende eine kleine Standfläche, mit der sie Halt finden. Weil ihr schon dabei seid, formt ihr aus dem Teig auch gleich noch die Krippe, in der später das Jesuskind liegt.

Die fertigen Werke auf einem mit Backpapier ausgelegten Blech in den Ofen schieben und bei 100 Grad Celsius eine Stunde lang backen. Danach lasst ihr sie langsam im abgeschalteten Ofen abkühlen. Werden sie zu schnell kalt, wird der Teig brüchig – also Vorsicht! Die Figuren könnt ihr anschließend mit Acrylfarben nach Lust und Laune bemalen. Frohe Weihnachten!

BILDER AUS STRANDGUT

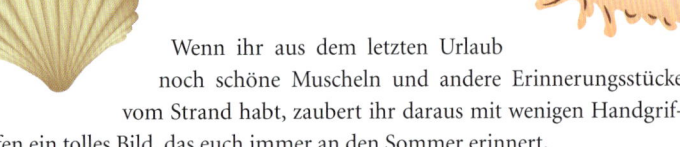

Das braucht ihr: Leinwand, Gips, Spachtel, Schüssel, Muscheln, Schnecken, kleine Treibholzstückchen, farbiges, rund geschliffenes Glas, Klarlack zum Sprühen

Wenn ihr aus dem letzten Urlaub noch schöne Muscheln und andere Erinnerungsstücke vom Strand habt, zaubert ihr daraus mit wenigen Handgriffen ein tolles Bild, das euch immer an den Sommer erinnert.

Legt alle Muscheln, Schnecken und Gegenstände zurecht, die ihr nachher auf dem Bild verewigen wollt. Ordnet sie einmal zur Probe auf der Leinwand an, um zu sehen, ob der Platz ausreicht. Passt alles zusammen und sieht gut aus, rührt ihr den Gips an. Dazu braucht ihr die Schüssel und ein wenig Wasser. Vermischt den Gips zügig mit dem Wasser. Achtet darauf, dass er nicht zu flüssig ist und dass sich keine Klümpchen bilden. Der Gips wird schnell fest. Ihr müsst deshalb flott arbeiten!

Spachtelt eine dicke Schicht der Masse auf die Leinwand. Die Muscheln, Hölzchen, die bunten Glassteine und alles, was ihr bereitgelegt habt, drückt ihr leicht hinein. Sind alle Stücke befestigt, könnt ihr die Zwischenräume auch noch mit ein wenig Gips ausstreichen. Alle Teile müssen fest miteinander verbunden sein. Ist das nicht der Fall, lösen sie sich später und fallen von der Leinwand. Zum Schluss spachtelt ihr die Ränder der Leinwand schön gerade ab.

Jetzt muss euer Kunstwerk trocknen. Damit es später nicht so schnell einstaubt, könnt ihr es zusätzlich mit Klarlack (gibt es in glänzend oder matt) einsprühen.

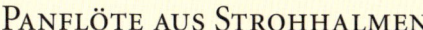

PANFLÖTE AUS STROHHALMEN

Das braucht ihr: 10–20 bunte Strohhalme, Klebefilm, Schere

Durch Strohhalme kann man nicht nur herrlich Limonade schlürfen, sie lassen sich auch innerhalb kürzester Zeit in ein tolles Musikinstrument verwandeln. Für eine Panflöte aus Strohhalmen braucht ihr gerade einmal zehn Minuten.

Der erste Strohhalm bildet den kürzesten Teil der Flöte. Schneidet ihn unten in einer Länge von sieben Zentimetern schräg mit der Schere ab. Der nächste Halm soll 7,5 Zentimetern lang werden; schneidet auch ihn schräg ab. Jeden weiteren Strohhalm lasst ihr immer einen halben Zentimeter länger als seinen Vorgänger. Bastelt eure Panflöte so breit, wie ihr möchtet. Ihr braucht dafür nur ausreichend lange und viele Strohhalme.

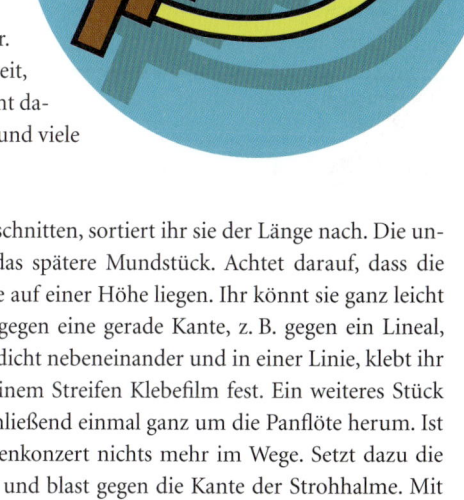

Sind alle Halme zurechtgeschnitten, sortiert ihr sie der Länge nach. Die ungeschnittene Seite bildet das spätere Mundstück. Achtet darauf, dass die Halme an diesem Ende alle auf einer Höhe liegen. Ihr könnt sie ganz leicht ausrichten, indem ihr sie gegen eine gerade Kante, z. B. gegen ein Lineal, schiebt. Liegen die Halme dicht nebeneinander und in einer Linie, klebt ihr sie an der Oberseite mit einem Streifen Klebefilm fest. Ein weiteres Stück Klebefilm wickelt ihr anschließend einmal ganz um die Panflöte herum. Ist alles stabil, steht dem Flötenkonzert nichts mehr im Wege. Setzt dazu die Flöte gerade am Mund an und blast gegen die Kante der Strohhalme. Mit ein bisschen Übung habt ihr bald euren ersten Auftritt als berühmte Panflötistin.

GEKNÜPFTE FREUNDSCHAFTSBÄNDER

Das braucht ihr: Wolle in verschiedenen Farben, Klammer zum Befestigen der Fäden, festen Karton, Schere, Perlen

Freundschaftsbänder lassen sich im Handumdrehen aus Wollresten basteln. Weil es so viel Spaß macht, könnt ihr allen Freundinnen eines schenken.

Welche Wolle ihr dazu benutzt, ist eigentlich egal. Dicke Wolle ergibt breite Freundschaftsbänder, aus dünner Wolle entsteht eher zierlicher Armschmuck. Besonders gut geht es mit Stickgarn. Experimentiert mit verschiedenen Farbkombinationen. Das Band mit den schönsten Farben bekommt natürlich die allerbeste Freundin geschenkt.

Sucht euch zwei Farben aus. Wie wäre es mit Rosa und Lila? Schneidet die Wolle in 70 Zentimeter lange Fäden. Von jeder Farbe braucht ihr drei Stücke. Verknotet diese sechs Schnüre miteinander, sodass oberhalb des Knotens noch etwa zehn Zentimeter Schnur überstehen. Befestigt die Bänder mit der Klammer an der Pappe und ordnet die Fäden so, dass die drei rosafarbenen rechts liegen und die lilafarbenen links.

Jetzt fangt ihr mit dem Knüpfen an: Dabei haltet ihr alle Fäden immer schön gespannt! Schlingt den rosafarbenen Faden ganz links um den Faden rechts daneben und zieht den Knoten nach oben hin fest. Wiederholt diesen Schritt. Durch den Doppelknoten entsteht ein Knubbel – und der rosafarbene Faden wandert um eine Position nach rechts.

Verknotet den rosafarbenen Faden auf dieselbe Weise mit seinem nächsten Nachbarn und dann lasst ihr ihn durch die ganze Reihe wandern, bis er ganz rechts liegt. Ein kleiner rosa Streifen ist entstanden!

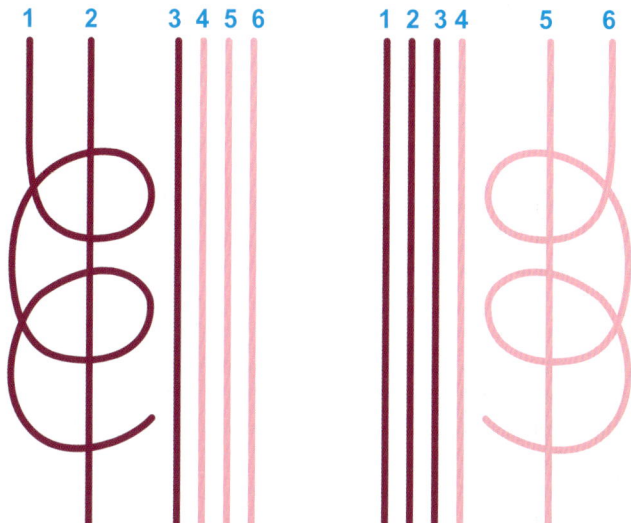

Dann ist der zweite Faden an der Reihe, der jetzt ganz links liegt. Auch er wandert durch bis auf die rechte Seite und setzt auf jeden Faden, an dem er vorbeikommt, zwei feste knubbelige Knoten. Ist dieser Faden auf der rechten Seite angekommen, nehmt ihr den nächsten und immer so weiter. Wenn ein hübsches breites Querstreifenmuster entsteht, macht ihr alles richtig!

Ihr knüpft so lange Querstreifen um Querstreifen, bis das Freundschaftsband die gewünschte Länge hat. Am Schluss liegen wieder sechs lose Fäden nebeneinander. Wenn ihr mögt, könnt ihr jetzt Perlen auf die überstehenden Schnüre fädeln. Dann flechtet ihr die Enden an beiden Seiten zu einem kleinen Zopf und schließt mit jeweils einem Knoten. Das ist der Verschluss.

Jetzt knotet ihr das Bändchen um das Handgelenk der Person, der ihr ewige Freundschaft schwören wollt. Ein Doppelknoten verbindet unzertrennliche Freundinnen.

Himmelslaterne

Das braucht ihr: *Seidenpapier oder anderes, sehr leichtes Papier, dünnen Draht, leeres Aluschälchen von einem Teelicht, Watte, Brennspiritus, Klebstoff oder Kleister*

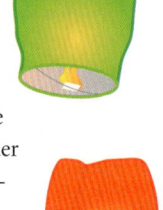

Abends noch im Freien zu bleiben, die Dämmerung zu genießen und zu spüren, wie die Welt langsam zur Ruhe kommt, hat etwas Versöhnliches. Wenn Sie diese Momente der Stille in der Natur mit Ihrem Kind einmal so richtig zelebrieren wollen, passt dieser Vorschlag perfekt. Eine heißluftbetriebene Laterne zu basteln und diese am Abend anzuzünden, rundet den Tag wunderbar ab. Danach geht es bestimmt auch ohne Murren ins Bett.

Es empfiehlt sich, die Laterne bei Tageslicht zu basteln und sie für den Abend aufzuheben. Wetten, dass Sie beide es nicht abwarten können, bis es endlich dunkel wird?

Klebt das Seidenpapier mit wasserlöslichem Klebstoff oder Kleister zu einem hohen Gebilde zusammen, das einem Zylinderhut oder einem Heißluftballon ähnelt. Die Form ist nicht das Wichtigste, Hauptsache, die Laterne bleibt nach unten offen wie eine Tüte und schließt oben gut. Unten soll eine runde Öffnung bleiben, für die ihr einen Ring aus Draht in passender Größe biegt. Der Ring wird an die Öffnung geklebt, indem man den Papierrand umklappt und den Draht darin einschlägt.

In die Mitte des Drahtes knotet ihr einen Faden, an dem ihr die Laterne später festhalten könnt. Leider ist es nämlich ohne Genehmigung verboten, diese schönen Laternen ganz in die Lüfte steigen zu lassen, da Brandgefahr besteht.

Das Aluschälchen wird an einem Quersteg befestigt, der den Ring halbiert. Wenn es in der Mitte der Öffnung sitzt, habt ihr alles richtig gemacht. Beim Basteln gilt die Devise „viel hilft viel" ausnahmsweise nicht– achtet darauf, möglichst

wenig Ballast an die Laterne zu hängen. Schließlich soll eure Laterne später auch abheben!

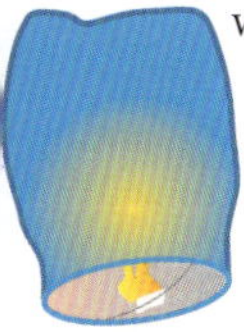

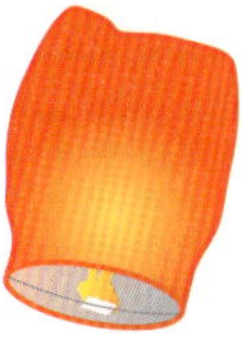

In das Alubecherchen kommt ein Wattebausch. Er wird erst kurz vor dem Start mit etwas Brennspiritus getränkt. Das ist eine Aufgabe für die Mama! Ihr müsst sehr vorsichtig sein, denn die Flamme wird höllisch heiß! Haltet die Laterne in euren Händen. Wenn ihr die Watte anzündet, steigt die Laterne langsam nach oben. Haltet sie am Faden, um zu verhindern, dass sie wegfliegt. Jetzt könnt ihr einen Laternenspaziergang durch euren Garten machen.

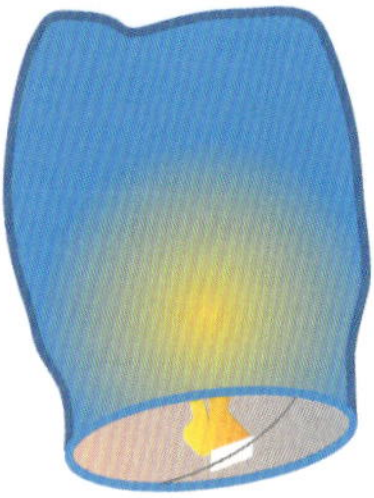

Vielleicht habt ihr ja sogar eine Genehmigung bekommen, dann könnt ihr den Faden weglassen und zusehen, wie eure Laterne langsam in den Himmel steigt. Dazu dürft ihr euch etwas wünschen!

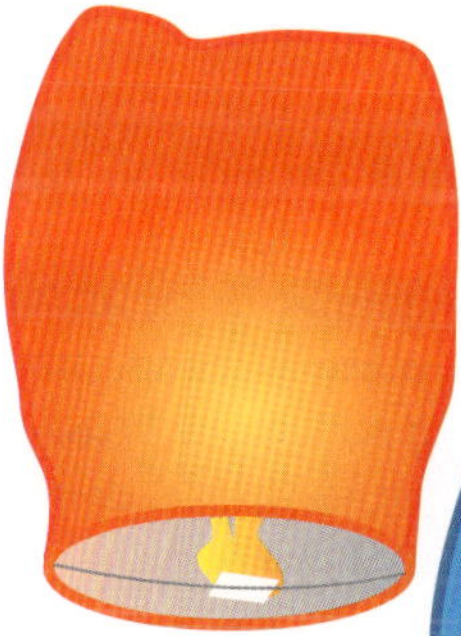

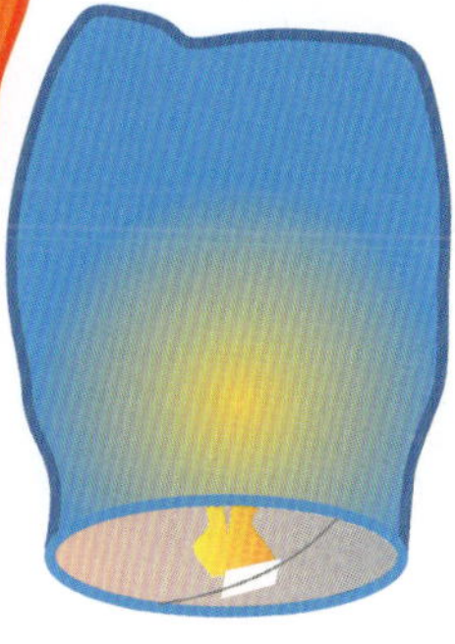

JONGLIERBÄLLE – SELBST GEMACHT

Das braucht ihr: verschieden große runde Luftballons in 3 unterschiedlichen Farben, Sand, Mehl, Schere, Holzspieß, Trichter, Löffel

Seid ihr auch immer wieder beeindruckt, mit welcher Leichtigkeit der Clown im Zirkus oder der Artist auf dem Straßenfest die Jonglierbälle durch die Luft wirbelt? Es scheint so einfach zu sein, aber ist es das wirklich? Probiert es selbst aus!

Ihr braucht dafür drei Jonglierbälle. Diese könntet ihr kaufen, aber das ist ja langweilig. Bastelt euch stattdessen selbst welche! Das geht schnell, kostet wenig, und ihr habt hinterher genau die Größe, die gut in eure Hand passt.

Legt euch pro Ball drei Luftballons einer Farbe zurecht. Zwei sollen gleich groß sein. Der dritte ist etwas kleiner als die anderen. Die Füllung wird aus Mehl und Sand hergestellt. Mischt dazu beides zu gleichen Teilen. Einen Ball für eine Kinderhand füllt ihr mit jeweils drei Esslöffeln Mehl und drei Esslöffeln Sand. Benutzt dafür den Trichter, den ihr in den Ballonhals steckt. Die Mischung lässt sich dann gut mit dem Löffel einfüllen. Will sie nicht so recht rutschen, helft ihr mit einem dünnen Holzspießchen vorsichtig nach. Die Ballonhaut muss unverletzt bleiben! Füllt nur so viel ein, dass der Ballonhals leer bleibt. Trichter entfernen und mit der Schere den Hals vom Luftballon abschneiden. Jetzt kommt der zweite, gleich große Ballon zum Einsatz. Schneidet ebenfalls den Hals des Ballons ab und stülpt ihn anschließend über den gefüllten Ball. Streift ihn so über, dass die

Öffnung des ersten Luftballons dabei abgedeckt wird.

Zum Schluss wird der dritte, kleinere Ballon über die anderen beiden gezogen. Vorher das Mundstück ebenfalls abschneiden. Achtet auch hier darauf, dass ihr die Öffnung des letzten Ballons mit dem neuen verdeckt. Schon habt ihr den ersten Jonglierball fertig! Die anderen stellt ihr auf die gleiche Art und Weise in einer anderen Farbe her.

Sind alle drei Bälle fertig, kann die Vorstellung beginnen. Doch wie jongliert man eigentlich? Übt zuerst mit einem Ball! Werft ihn diagonal von der rechten in die linke Hand und anschließend wieder zurück. Er sollte ein Stück über eurem Kopf seine Bahn ziehen. Die Arme bleiben dicht am Körper, die Unterarme haltet ihr waagerecht. Klappt das? Gut! Dann kommt der zweite Ball hinzu.

Haltet in jeder Hand einen gefüllten Ballon. Den rechten werft ihr diagonal nach links. Hat er den höchsten Punkt erreicht, werft ihr den linken diagonal nach rechts. Fangt die Bälle nacheinander und übt das Ganze auch von links. Funktioniert auch das ganz gut, nehmt ihr den dritten Ball dazu.

In der rechten Hand habt ihr zwei Bälle, links nur einen. Fangt rechts mit dem Werfen an. Jeden Jonglierball werft ihr einmal wie oben beschrieben in die Luft und fangt ihn auf. Jetzt habt ihr in der linken Hand die beiden Bälle und rechts den einzelnen. Beginnt nun mit links. Im nächsten Schritt haltet ihr die Bälle nicht mehr, sondern werft sie gleich wieder los, wenn der vorherige am höchsten Punkt ist. Mit ein bisschen Übung jongliert ihr bald so sicher wie ein Straßenkünstler.

BLITZENDER PERLENVORHANG

Das braucht ihr: *Faden oder Zwirn, Perlen in allen Variationen, Zollstock, Nadel, Schere, breite Borte, Tacker*

Perlenvorhänge sind schick, klimpern lustig, wenn man hindurchgeht, und lästigen Insekten versperren sie den Zugang. Praktisch! Ihr könnt sie sowohl für drinnen als auch für draußen basteln. Wollt ihr den Vorhang später z. B. an den Fenstern oder Türen des Gartenhäuschens befestigen, wählt ihr Perlen aus Glas oder Kunststoff. Diesen macht ein bisschen Regen nämlich nichts aus. Für drinnen könnt ihr alle möglichen Materialien nehmen: Holz, Filz oder sogar Papier.

Schneidet von dem Zwirn Stücke ab. Sie müssen die gleiche Länge wie die Öffnung haben, vor der sie einmal hängen sollen. Die Anzahl der Schnüre hängt von der Breite der Öffnung ab. Rechnet ungefähr eine Schnur alle fünf Zentimeter, bei sehr dicken Perlen reicht auch ein Abstand von zehn Zentimetern.

Unten im Zwirn macht ihr einen dicken Knoten. Ab jetzt könnt ihr eurer Fantasie freien Lauf lassen. Sollen auf einem Faden nur Perlen gleicher Größe sein, oder darf es ruhig etwas durcheinandergehen? Sind die Kugeln alle aus dem gleichen Material oder bunt gemischt? Schön ist, was euch gefällt! Damit das Auffädeln etwas leichter von der Hand geht, benutzt ihr eine Nadel. Zieht so viele Perlen auf den Zwirn, dass oben noch ungefähr zehn Zentimeter frei bleiben. Verknotet das Ende. Wenn auf alle Schnüre Perlen gezogen sind, näht oder tackert ihr sie in regelmäßigen Abständen auf die Borte. Sie wird anschließend an der Türöffnung angebracht.

FLITZENDES JOJO

Das braucht ihr: 2 große Knöpfe, Bleistift, Säge, Heißklebepistole mit Klebestangen, Handbohrer, 1 m dünne Schnur

Es sieht hübsch aus, wenn bunte Jojos an ihrer Schnur auf und ab flitzen. Dabei ist es manchmal gar nicht so einfach, sie immer wieder bis nach oben laufen zu lassen. Wann habt ihr das letzte Mal mit einem Jojo gespielt? Ewig her? Dann wird es höchste Zeit, euch eines zu basteln!

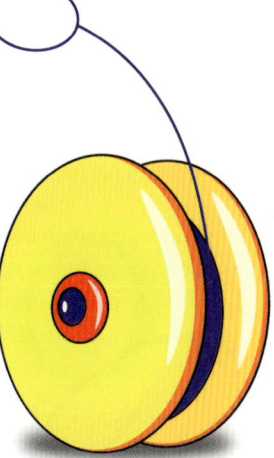

Das geht ganz leicht. Sucht aus der Nähkiste zwei schöne, gleich große Knöpfe aus. Je größer sie sind, desto besser. Sie bilden das Gerüst eures Spielzeugs. Um die Achse zu bauen, nehmt ihr einen Bunt- oder Bleistift. Hauptsache, sie ist aus Holz. Sägt ein kleines Stückchen davon ab. Es sollte nicht länger als einen Zentimeter sein. Bohrt mit dem Handbohrer rechtwinkelig zur Mine ein Loch in die Mitte, das groß genug ist, um die Schnur hindurchzufädeln. Klebt das kleine Holzstückchen nun mit der Heißklebepistole mittig auf die Rückseite des ersten Knopfs. Vorsicht, der Klebstoff wird sehr heiß! Wartet, bis er getrocknet ist. Dann fädelt ihr die Schnur durch das Loch und verknotet sie. Anschließend klebt ihr den zweiten Knopf auf die andere Seite des Stiftstummels. Ist der Klebstoff ausgehärtet, bindet ihr in das lose Ende der Schnur eine Schlaufe für den Mittelfinger. Jetzt braucht ihr nur noch die Schnur aufzurollen, und euer Knopf-Jojo ist einsatzbereit. Weil es so viel Spaß gemacht hat, bastelt ihr gleich noch ein zweites für einen Wettbewerb.

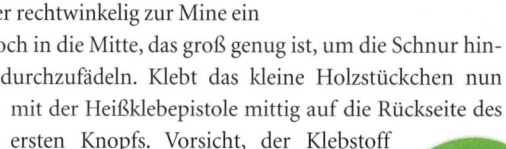

KLEINE GOLDSCHMIEDE

Das braucht ihr: Silberdraht, Glasperlen, Rocaille-Perlen, Rund-
und Kombizange, Seitenschneider,
S-Haken, 2 Kopfstifte, 2 Fischhaken

Die meisten Mädchen schmücken sich gerne.
Wenn Ihre Tochter auch Gefallen daran findet,
macht es ihr sicher Freude, selbst Schmuck herzustellen. Mit ein wenig Übung und Geschick bastelt
ihr euch die herrlichsten Stücke.

Ein Armband lässt sich besonders leicht herstellen. Dazu werden auf
Silberdraht Perlen gefädelt. Das fertige Armband soll später in
drei Windungen um das Handgelenk laufen. Messt den Draht
deshalb direkt am Arm ab und gebt für den
Verschluss zwei Zentimeter hinzu. Knipst
den Draht in der gewünschten Länge
mit dem Seitenschneider von der
Rolle ab. An ein Ende biegt ihr nun
mit der Rundzange eine Öse. Sie hält
die Perlen an Ort und Stelle. Achtet dar-
auf, dass sie auch wirklich geschlossen ist. Das gleich-
mäßige Rundbiegen des Drahtes gelingt euch vielleicht nicht sofort. Macht nichts! Probiert es
einfach gleich noch einmal.

Sitzt die Öse, fädelt ihr die Perlen nach und nach auf den Draht. Ganz nach
eurem Geschmack und euren Vorstellungen entsteht so im Handumdrehen
das Armband. Etwa einen Zentimeter vor dem Drahtende fädelt ihr die letzte Perle auf. Wie zu Beginn dreht ihr den Draht mit der Rundzange zu einer glatt schließenden Öse zusammen. Als Verschluss nehmt ihr einen S-Haken, mit dem ihr die Anfangs-
und Endöse verbinden könnt. Damit das Armband eine
schöne Rundung bekommt, wickelt ihr es um ein Glas
oder eine Papprolle. Wählt einen Gegenstand, der in etwa

denselben Durchmesser wie euer Handgelenk hat. Vorsichtig herunterziehen, und das Schmuckstück ist fertig zum Umbinden!

Die passenden Ohrringe lassen sich im Handumdrehen herstellen. Dazu nehmt ihr einen Kopfstift (ein Stück Draht mit einem dickeren Ende) und fädelt darauf die gewünschten Perlen. Ist kein Kopfstift zur Hand, nehmt ihr einfachen Silberdraht, in den ihr am unteren Ende eine Öse biegt. Ungefähr fünf Zentimeter Draht braucht ihr anschließend, um eine Abschlussspirale zu wickeln. Dazu greift ihr den Draht am Ende mit der Rundzange. Dreht ihn langsam seitlich an der Anfangsschlaufe vorbei ein. Dabei müsst ihr mit der Zange immer mal wieder nachfassen – so lange, bis die Spirale dicht an den Perlen anliegt. Mit der Flachzange richtet ihr sie anschließend mittig über dem Ohrring aus. Biegt nun die Öse am Fischhaken (das ist eine Ohrring-Aufhängung) auf und hängt euren Ohrring an der Spirale dort ein. Nun braucht ihr die Öse nur noch zu schließen. Schick sieht das aus!

Falls ihr keine Lust habt, euch das ganze Material im Bastelladen selbst zusammenzusuchen, besorgt euch einfach ein fertiges Set. Darin sind alle wesentlichen Teile wie Perlen, Draht oder Band und Verschlüsse enthalten. Meistens gibt es auch gleich eine Anleitung zur Schmuckherstellung dazu.

FASZINIERENDES KALEIDOSKOP

Das braucht ihr: Pappe oder Tonkarton (DIN A4), Spiegelfolie (11,4 cm x 20 cm), Transparent- oder Butterbrotpapier, Frischhaltefolie, buntes Papier, bunte durchscheinende Plastikschnipsel, Glasperlen oder Pailletten, Lineal, Schere, Klebstoff, Klebefilm

In einem Kaleidoskop ordnen sich mit jeder Drehung die Steinchen, Farben und Formen unterschiedlich an. Immer neue Muster und Kombinationen entstehen und sorgen so dafür, dass der Blick hindurch nie langweilig wird. Baut euch selbst eines und kommt hinter das Geheimnis dieses wundervollen Spielzeugs!

Schneidet aus der Pappe ein 12,5 x 20 Zentimeter großes Rechteck aus. Die kürzere Seite davon unterteilt ihr anschließend in drei je vier Zentimeter große Abschnitte. Automatisch entsteht noch ein kleines 0,5 Zentimeter großes Stückchen. Entlang der angezeichneten Abschnitte faltet ihr die Pappe. Auch auf der Spiegelfolie zeichnet ihr Abschnitte an. Ihr braucht insgesamt drei Teile mit den Maßen 3,8 x 20 Zentimeter. Schneidet sie aus und klebt sie mittig auf die drei breiten Pappstreifen. Die Knicke lasst ihr dabei frei. Ist die Folie verklebt, faltet ihr die Pappe zu einer dreieckigen Röhre zusammen – und zwar so, dass die Spiegelfolie innen liegt. Auf den schmalen 0,5-Zentimeter-Abschnitt streicht ihr Kleber. Verbindet damit die Röhre. Über eine der Röhrenöffnungen zieht ihr nun ein Stück Frischhaltefolie. Zieht es schön straff, bevor ihr es mit Klebefilm befestigt. Die erste Röhre ist nun fertig.

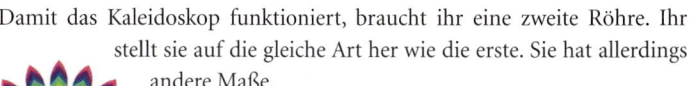

Damit das Kaleidoskop funktioniert, braucht ihr eine zweite Röhre. Ihr stellt sie auf die gleiche Art her wie die erste. Sie hat allerdings andere Maße.

Schneidet aus Pappe ein Stück mit den Maßen 14 x 3 Zentimeter aus. Unterteilt es in drei Abschnitte mit jeweils 4,5 Zentimetern. Übrig bleibt wieder ein 0,5 Zentimeter breites Teil. Faltet die Pappe entlang der Linien und verklebt sie an dem kleinen Abschnitt. Diese kurze Röhre schiebt ihr anschließend ungefähr einen Zentimeter über die lange Röhre auf der Seite mit der Folie. Dadurch entsteht eine Art Fach, in das ihr nun eure Schnipsel, Pailletten oder Perlen füllt. Macht den Zwischenraum aber nicht zu voll, denn alle Teile müssen sich später beim Drehen gut bewegen können. Zum Verschließen der kurzen Röhre nehmt ihr Transparentpapier. Klebt es schön glatt über die Öffnung der Röhre. Jetzt könnt ihr das kleine Rohr noch ein Stückchen weiter auf das große schieben und die beiden Teile miteinander verkleben. Können sich alle eingefüllten Teilchen noch gut bewegen, ist es richtig.

Wagt den ersten prüfenden Blick durch die freie Öffnung des Kaleidoskops. Funktioniert alles? Prima! Dann geht es an die Feinarbeiten. Damit der Eindruck beim Hindurchschauen noch besser ist, klebt ihr die freie Seite mit einem Stück Papier ab, in das ihr vorher ein kleines Guckloch geschnitten habt. Das sieht gleich noch besser aus. Wenn ihr euch von dem Anblick losreißen könnt, bemalt ihr das Kaleidoskop zum Schluss noch mit bunten Farben, wilden Formen oder verziert es mit Aufklebern.

MAMA ALS KÜNSTLERIN UND HANDWERKERIN

Türschild aus Salzteig

Das braucht ihr: 300 g Mehl, 300 g Salz, 200 ml lauwarmes Wasser, 1 EL Pflanzenöl, Rührschüssel, Holzlöffel, Messbecher, Nudelholz, Backpapier, Ausstechformen, Zahnstocher, Acrylfarben, Pinsel, doppelseitiges Klebeband, Klarlack, Nägel und Schrauben

Aus Salzteig lassen sich ganz wunderbare Türschilder backen. Für die Haustür, die Zimmertür oder in einer Miniaturausführung auch für das Puppenhaus. Dazu müsst ihr zuerst den Teig herstellen.

Gebt 300 Gramm Salz in eine Schüssel und gießt das Wasser hinzu. Rührt alles gut durch, bis sich das Salz ganz im Wasser gelöst hat. Dann fügt ihr das Mehl und das Pflanzenöl hinzu. Jetzt wieder alles gut und kräftig rühren und mit den Händen durchkneten, bis sich ein fester Teig bildet.

Dieser wird nun mit dem Nudelholz auf der mit Mehl bestäubten Arbeitsplatte zu einer ungefähr einen Zentimeter dicken Fläche ausgerollt. Schneidet euer Türschild in der gewünschten Größe aus. Soll es oval, rund oder eckig sein oder doch lieber die Form eines Hauses haben? Als Nächstes braucht ihr die Buchstaben für euren Namen. Wenn ihr Ausstechformen dafür habt, ist er schnell zusammengesetzt. Habt ihr keine Formen, legt ihr die einzelnen Buchstaben aus dünnen Teigwürsten. Spätestens jetzt merkt ihr, ob eure Türschildplatte groß genug ist.

Falls nicht, schneidet ihr entweder eine größere Teigplatte aus oder ihr macht die Buchstaben entsprechend kleiner. Legt den Namen auf das Schild und drückt ihn vorsichtig an. Mit dem Ende eines Löffelstiels drückt ihr zusätzlich die Konturen der Buchstaben an, um sie mit der Platte zu verbinden. Ihr könnt sie aber auch mit Zahnstochern auf die

Platte stecken. Überstehende Enden knipst ihr ab. Außer dem Namen legt ihr Muster und Figuren auf das Schild. Aus kleinen Teigkugeln lassen sich winzige Blumen bilden, aus Teigschnüren Schlangen, Sonnenstrahlen oder verschiedene Muster. Gestaltet euer Werk so, wie es euch gefällt. Wichtig ist,

dass die erhabenen Teile eine gute Verbindung zur Platte haben. Soll das Schild später angeschraubt oder genagelt werden, bohrt ihr vor dem Backen ein oder mehrere Löcher für die Befestigung durch den oberen Rand.

Legt euer Kunstwerk vorsichtig auf ein beschichtetes Backblech und schiebt es bei 100 Grad Celsius für ungefähr eine Stunde in den Ofen. Anschließend kann es dort vollständig abkühlen. Das Türschild könnt ihr nun mit Acrylfarbe bemalen. Da sich die Farben untereinander leicht vermischen, solltet ihr darauf achten, dass eine Farbschicht trocken ist, bevor ihr die nächste aufträgt. Zum Fixieren sprüht ihr die getrocknete Platte zum Schluss mit Klarlack ein.

Zum Befestigen des Türschildes eignet sich bei glatten Oberflächen doppelseitiges Klebeband. Ist der Untergrund uneben, ist es besser, das Schild ganz vorsichtig mit Nägeln oder Schrauben an der Wand oder Tür zu befestigen.

LUSTIG ZAPPELNDER HAMPELMANN

*Das braucht ihr: festes Papier, Durchschlagpapier,
Bleistift, Schere, Sperrholz (ca. 15 cm x 15 cm),
Laubsäge, Bohrmaschine, Schmirgelpapier, Plakatfarbe, Pinsel, farblosen Lack, 8 kleine Senkkopfschrauben
mit passenden Muttern, Bindfaden, Holzperle*

Jedes kleine Kind erfreut sich an den lustigen Bewegungen eines Hampelmanns. Die fröhlichen Gesellen verbreiten sofort gute Laune, wenn man an
dem Schnürchen zieht und sie zappeln lässt. Kein Wunder, dass jedes
Kind einen haben will! Entwerfen und bauen Sie zusammen mit
Ihrer Tochter einen Hampelmann nach eigenen Vorstellungen!

Malt auf ein Stück festes Papier die Umrisse eures Hampelmanns.
Ihr benötigt einen Körper samt Kopf, zwei Arme und zwei Beine.
Die Arme und Beine unterteilt ihr für noch mehr Zappeligkeit zusätzlich in Ober- und Unterarm bzw. -schenkel. Damit alles schön symmet-
risch wird, faltet ihr das Blatt Papier in der Mitte und malt ausgehend
von der Mittellinie nur eine Körperhälfte. Die zweite lässt sich dann
ganz leicht kopieren, wenn ihr das Papier wieder faltet. Vergesst
auch die Haare und den Hut nicht! Auch die Arme und Beine
zeichnet ihr nur ein Mal und paust sie dann ab. Sind alle Teile
beisammen, schneidet ihr sie mit der Schere vorsichtig aus. Benutzt die Papierstücke als Schablone zum Übertragen der Formen auf das Sperrholz.

Alle Hampelmann-Bestandteile sägt ihr anschließend
aus. Dann bohrt ihr die Löcher für die
Befestigung der Gelenke. Am
Körper sind das zwei Lö-
cher in den Schultern und
zwei in den Hüften. Auch
die Arme und Beine müsst
ihr entsprechend mit Lö-
chern versehen. Bevor alle
Körperteile   miteinander

verschraubt werden, geht es ans Schmirgeln. Schließlich soll sich der Hampelmann auch angenehm anfühlen. Ist das Holz schön glatt, werden die einzelnen Teile bemalt. Grundiert das Gesicht und malt, wenn es getrocknet ist, Augen, Nase und Mund hinein. Welchen Gesichtsausdruck soll das kleine Kerlchen bekommen? Welche Farbe kriegen der Hut und die Haare? Auch die Kleidung ist wichtig. Malt eine lustig gestreifte Hose oder eine mit Punkten und Sternen, ganz wie ihr mögt. Ist es vielleicht sogar eine Hampelfrau, die einen Rock anhat? Lasst eurer Fantasie freien Lauf. Hauptsache, er oder sie wird schön bunt und sieht freundlich aus.

Achtet darauf, dass ihr die Farben immer gut trocknen lasst, bevor ihr die nächste Schicht aufbringt. Anderenfalls kann es leicht passieren, dass alles ungewollt verläuft. Sind alle Teile bemalt, kommt zum Schluss eine Schicht Klarlack über die Farbe. Wieder alles schön trocknen lassen, bevor die einzelnen Körperteile zusammengefügt werden. Fädelt dazu den Faden durch die Löcher, bevor ihr alle Teile miteinander verschraubt. Verknotet die Arme mit den Schultern, die Beine mit der Hüfte. Der dritte Faden, der Lebensfaden, wird mittig mit diesen beiden Schnüren verbunden. Lasst unten ein längeres Stück stehen, an das ihr eine Holzperle zum Anfassen bindet. Geschafft! Jetzt kann der Hampelmann aufgehängt werden und ihr dürft an der Perle ziehen.

BODYPAINTING

Das braucht ihr: wasserlösliche Theaterschminke, Schälchen mit Wasser, Schminkschwämmchen, Pinsel, Spiegel, Bildervorlagen, kleines Handtuch, Fotoapparat

Auf Kinder- und Straßenfesten ist der Stand, an dem die Kleinen geschminkt werden, meist dicht umringt. Alle lieben die bunten Farben und halten ganz still, wenn ihnen die fröhlichen Muster auf das Gesicht gezaubert werden. Um in dieses Vergnügen zu kommen, nehmen die Kinder sogar längere Wartezeiten ungewöhnlich geduldig in Kauf.

Lässt sich Ihre Tochter auch so gerne schminken? Dann machen Sie ihr sicher eine Riesenfreude mit einem Bodypainting-Nachmittag. Alles, was Sie dazu brauchen, ist ein wenig Zeit, eine warme Wohnung und ausreichend Theaterschminke. Diese speziellen Farben sind nicht ganz billig, dafür aber gut hautverträglich, und sie lassen sich kinderleicht verarbeiten. Ein weiterer Pluspunkt: Sie lassen sich leicht wieder entfernen, ohne dass Sie die Haut rot schrubben müssen.

Bodypainting unterscheidet sich vom normalen Schminken dadurch, dass große Teile der Haut oder sogar der ganze Körper bemalt wird. Das geht natürlich nur ohne Kleidung. Wenn ihr es nicht gerade an einem herrlich warmen Sommertag versucht, ist es deshalb ratsam, die Heizung für diese Aktion etwas höher zu drehen. Mit klappernden Zähnen vergeht euch sonst schnell der Spaß.

Stellt die Farben, Pinsel und ein Schälchen mit Wasser bereit. Darin könnt ihr die Pinsel auswaschen, bevor ihr die nächste Farbe auftragt, oder das Schmink-schwämmchen anfeuchten. Einigt euch, wer zuerst geschminkt werden soll. Die Erwählte darf sich dann das Motiv aus-suchen und entscheiden, welche Körperteile bunt angemalt werden sollen. Wolltet ihr euch schon immer mal wie ein Zebra oder wie ein Chamäleon fühlen, gefährlich sein wie ein Löwe oder zart und durchscheinend wie eine Libelle? Wie wäre es, als Skelett, als Blüte oder als Eis am Stiel herumzulaufen? Keine Angst, ihr braucht nicht perfekt malen zu können – in der Regel reichen ein paar charak-teristische Merkmale aus, um das Motiv darzustellen. Bei einem Zebra sind es die schwarzen Streifen auf wei-ßem Grund, beim Löwen ist es die goldene Mähne, ein Marsmensch ist grün mit Antenne, eine Blüte hat Blätter. Fühlt ihr euch trotzdem unsicher, orientiert euch ruhig an Schminkvorlagen! Ihr findet sie in Büchern oder auch im Internet zum Herunterladen. Habt ihr keine Lust auf ein konkretes Bild, malt ihr einfach abstrakt. Alle Farben und Formen sind erlaubt und schön.

Große Flächen tragt ihr mit dem Schwämmchen auf. Feuch-tet es an, bevor ihr damit Farbe aufnehmt. Diese lässt sich so schön gleichmäßig verteilen. Ist sie etwas getrocknet, zeich-net ihr mit einem Pinsel Muster in einer anderen Farbe dar-auf. Vermalt? Kein Problem! Mit einem feuchten Handtuch bekommt ihr alles leicht wieder ab. Anschließend probiert ihr es einfach noch einmal.

Wer verschönert wird, genießt das angenehme Gefühl, das Pin-sel, nasse Farbe und Schwämmchen auf der Haut hervorrufen. Zwischendurch darf die Bepinselte mal einen Blick in den Spiegel werfen und sich auf das Endergebnis freuen. Ist die Bemalung komplett, schießt ihr Fotos von allen Seiten zur Erinnerung.

BILDERRAHMEN AUS ÄSTEN

Das braucht ihr: 4 gleich starke Äste, Hammer, Gehrungsschiene, Bleistift, Nägel, Holzleim, Säge, scharfes Messer, Schmirgelpapier, Vorstreichfarbe, Goldfarbe, Pinsel, 2 Bilderhaken, Draht oder Nylonschnur zum Aufhängen

Ist es Ihrer Tochter zu langweilig, einfach so spazieren zu gehen, verbinden Sie den Gang in die Natur mit einer Aufgabe. Das macht die Unternehmung nicht nur spannender, sondern Sie haben hinterher auch gleich noch das Material für einen netten Bastelnachmittag beisammen.

Für einen Bilderrahmen aus Ästen benötigt ihr vier Stücke aus demselben Holz. Findet ihr einen ganz langen Ast, sägt ihr ihn später einfach in vier Teile. Ihr könnt euren Bilderrahmen aber auch aus vier Einzelästen zusammensetzen. Wichtig ist, dass alle ungefähr dieselbe Stärke haben. Ob sie einigermaßen gerade oder ganz knorrig krumm sind, spielt dabei keine Rolle.

Wieder zu Hause, legt ihr die Maße für den Rahmen fest. Soll er quadratisch oder eher rechteckig sein? Welches Bild wollt ihr damit rahmen? Zeichnet die Maße an! Sägt die Äste in der Gehrungsschiene so zurecht, dass der Rahmen hinterher innen rechte Winkel hat.

Jetzt entrindet ihr die Zweige mit einem scharfen Messer, bis sie schön glatt sind. War das Holz sehr feucht, muss es nun erst einmal richtig trocknen. Nagelt ihr nasses Holz zusammen, kann es beim Austrocknen reißen. Dann wäre euer schöner Rahmen kaputt, und das soll ja nicht passieren.

Ist das Material trocken, gebt ihr auf die Schnittkanten ein bisschen Holzleim, drückt die Ecken fest aufeinander und nagelt sie zusammen. Damit das Holz nicht reißt, klopft ihr den Nagel mit dem Hammer vorher leicht stumpf. Ist der Rahmen fertig genagelt, lasst ihr den Holzleim trocknen. Anschließend schmirgelt ihr die Ecken schön glatt.

Den endgültigen Schliff bekommt euer Werk durch die Farbe. Behandelt das Holz zuerst mit Vorstreichfarbe. Dann hält der Lack hinterher besser. Einmal streichen reicht wahrscheinlich aus. Lasst alles gut trocknen, bevor ihr den nächsten Anstrich startet. Lackiert den Rahmen schön gleichmäßig mit der Goldfarbe. Dann muss er wieder ausreichend trocknen. Hängt ihn dazu an einem luftigen und möglichst staubfreien Ort auf. Kontrolliert den fertigen Lack. Sieht alles gut aus, seid ihr fertig. Deckt die Farbe noch nicht vollständig oder ist nicht gleichmäßig genug, schleift ihr den Rahmen noch einmal kurz an und streicht ihn dann ein zweites Mal. Für ein uriges Bildmotiv könnt ihr ihn selbstverständlich auch unbehandelt lassen.

Zum Befestigen montiert ihr auf der Rückseite des Rahmens zwei Bilderhaken. Da Äste immer etwas krumm sind, ist es unter Umständen schwierig, die Haken exakt auf gleicher Höhe anzubringen. Das macht nichts, denn das Ganze lässt sich sowieso am besten gerade ausrichten, wenn ihr an den Haken Bilderdraht oder Schnur befestigt. Nun muss nur noch der richtige Platz gefunden werden. Fertig!

NUDELSCHMUCK

Das braucht ihr: *elastischen Faden, Lederband, Ohrstecker-Rohlinge, Ring-Rohlinge, Broschenstecker, elastisches Haarband, Zopfgummis, Nadeln, Nähgarn, Klebepistole, Nudeln mit Loch (Penne, Makkaroni), Buchstabennudeln, große Muschelnudeln, Acrylfarbe, Klarlack, Pinsel*

Um Schmuck herzustellen, braucht ihr keine neuen Perlen einzukaufen. Alles, was ihr benötigt, findet ihr im Haus. Einen Faden besorgt ihr euch aus dem Nähkästchen, die Nudeln kommen aus dem Vorratsschrank. Für eine Kette zieht ihr mehrere große Rigatoni auf ein Lederband. Selbst eine einzelne Nudel sieht auf einem farbigen Band super aus. Gut zu fädeln sind auch Penne oder kleine Makkaroni. Benutzt ein elastisches Band, dann lässt sich die fertige Kette oder das Armband ganz leicht über den Kopf oder das Handgelenk streifen. Manchmal gibt es auch schon bunte Nudeln in verschiedenen Formen, z. B. Herzen, zu kaufen.

Schöner Schmuck ist aber auch aus Pasta ohne Loch zu machen. Für niedliche Ohrringe benötigt ihr einen Ohrstecker-Rohling und eine Mininudel. Suppennudeln in Sternchen- oder Buchstabenform sind bestens geeignet. Klebt sie mit der Heißklebepistole vorsichtig auf den Rohling. Bemalt sie mit der Acrylfarbe, wenn der Kleber gut getrocknet ist. Um ihr zusätzlichen Glanz zu verleihen, behandelt ihr sie mit Klarlack.
Ringe lassen sich auf die gleiche Art basteln. Auf einen Rohling klebt ihr eine Nudel eurer Wahl und bemalt sie anschließend. Für trendige Anstecker benutzt ihr Broschennadeln und Schmetterlingsnudeln. Ihr könnt die Nudeln aber auch auf ein Haarband oder Zopfgummi aufnähen.

DUFTENDES BADESALZ

Das braucht ihr: 200 g grobkörniges Meersalz,
5 g ätherisches Duftöl (ca. 10 Tropfen), Lebensmittelfarbe, getrocknete
Blütenblätter nach Bedarf, Schüssel, Löffel, luftdichte Gläser

Ein warmes Bad ist herrlich entspannend und macht Spaß – ganz besonders dann, wenn ihr dafür euer eigenes Badesalz verwendet. Die Herstellung ist erstaunlich einfach, die Zutaten sind schnell besorgt.

Wiegt von dem Meersalz 200 Gramm ab. Verrührt es in der Schüssel mit dem Duftöl, das ihr euch ausgesucht habt, und gebt die Lebensmittelfarbe hinzu. Falls ihr Blütenblätter hinzufügen wollt, macht ihr das ganz zum Schluss. Mischt alles gut durch und füllt es sofort in ein luftdicht verschließbares Glas ab. Das ist alles!

Achtet bei der Auswahl der Duftöle auf hohe Qualität. Verwendet nur solche, die auch zur Herstellung von Massageölen geeignet sind, denn sie sind am hautverträglichsten. Die Lebensmittelfarbe sorgt lediglich für einen schönen Farbton und muss nicht unbedingt zugesetzt werden. Ihr könnt euer Badesalz auch neutral weiß lassen. Blütenblätter sehen schön in den Gläsern aus, im Badewasser stören sie euch vielleicht. Auch sie sind kein Muss. Experimentiert mit den Zutaten und findet heraus, welcher Duft und welche Beigaben euch am besten gefallen.

Badesalz ist ein wunderbares Geschenk. Stellt es in zwei Farben her und füllt es schichtweise in Gläser. Eine Schleife und ein hübsch geschriebenes Etikett dran, und der Geburtstagsgruß ist fertig!

GRUSELIGE VOGELSCHEUCHE

Das braucht ihr: Besenstiel, 60 cm lange Holzlatte, Bastelstroh, altes T-Shirt, kleinen Kopfkissenbezug, alte Hose oder alten Rock, Hut, Textilstifte, dicke Gummibänder, Hammer, Stechbeitel, Nägel, Säge, Tacker, Nadel und Faden

Futtern euch die diebischen Elstern und Stare die Früchte von den Bäumen und Sträuchern oder klauen die Saat aus dem Gartenbeet, ist es Zeit, eine richtig gruselige, vogelerschreckende Scheuche zu basteln. Wenn ihr keinen Garten zu verteidigen habt, eignet sie sich auch super als Dekoration für Halloween.

Der Besenstiel bildet das Gerüst für den Körper. Ungefähr einen halben Meter von oben gemessen kommt eine Kerbe in den Stiel. Hier ist Mama gefragt. Sägen Sie am besten vorsichtig ein Stückchen in der Breite der Holzlatte an und entfernen Sie das Holz mit dem Beitel. In diese Aussparung fügt ihr die Holzlatte so ein, dass beide Seiten die gleiche Länge haben. Die Latte nagelt ihr fest.

Bemalt nun den Kopfkissenbezug, den späteren Kopf der Vogelscheuche, mit den Textilstiften. Ihr könnt ihr düstere Augen mit buschigen Brauen malen, sie die Zähne fletschen oder die Zunge herausstrecken lassen. Wenn ihr etwas unsicher seid, wie das Gesicht nachher wirkt, macht ihr am besten zuerst ein paar Entwürfe auf Papier.

Als Nächstes zieht ihr eurer Gruselpuppe das T-Shirt über. Die Ärmel werden dabei über die Holzlatte gezogen. Sitzt alles an Ort und Stelle, verschließt ihr die Ärmelöffnungen mit den Gummibändern. Jetzt stopft ihr die Scheuche von unten mit dem Bastelstroh aus, bis sie schön rund und prall ist. Dann wird sie auch am Bauch mit Gummiband oder Schnur fest verschlossen.

Füllt nun das Kopfkissen ebenfalls mit Stroh und bringt den Kopf damit in Form. Stülpt ihn anschließend oben auf den Besenstiel und bindet ihn fest um den Stiel herum zu. Körper und Kopf sollten sich dabei berühren.

Die Hände baut ihr auch aus Stroh. Nehmt dazu aus dem Stroh mehrere ungefähr gleich lange Strohhalme und bindet sie mithilfe eines Gummibandes an die Arme. Wenn ihr genügend Stroh übrig habt, könnt ihr hier ruhig großzügig sein und dicke Hände mit fünf Fingern basteln. Die einzelnen Finger lassen sich ebenfalls mit Gummiringen voneinander trennen.

Jetzt ist es an der Zeit, die Vogelscheuche fertig anzuziehen. Befestigt den Hut auf dem Kopf. Damit er nicht bei jedem Luftzug zu Boden segelt, solltet ihr ihn entweder annähen (dann wird er kaum beschädigt und ihr könnt ihn später wieder verwenden) oder fest an den Kopf tackern. Das T-Shirt könnt ihr mit den Stiften schaurig oder bunt bemalen. Zum Schluss zieht ihr der Scheuche noch einen alten Rock oder eine Hose über. Damit die Kleidung sich etwas im Wind bewegt, könnt ihr zusätzlich ein paar Streifen in den Stoff schneiden.

Jetzt ab aufs Feld oder in das Beet mit der merkwürdigen Gestalt! Dann könnt ihr zuschauen, ob die Vögel ängstlich einen Bogen um sie machen. Natürlich kann sie auch die Eingangstür bewachen und zu Halloween die umherziehenden Kinder das Gruseln lehren.

DOSENWURFSPIEL

Das braucht ihr: 10 alte Konservendosen, Dosenöffner, Textilklebeband, Plakafarbe in Weiß, Rot, Blau und Gelb, Pinsel, Klarlack, 3 Softbälle

Dosenwerfen gibt es auf jedem Jahrmarkt. Das Spiel ist schnell erklärt, macht nicht nur Kindern Riesenspaß und lässt sich auch noch ganz leicht selbst bauen.

Zuallererst braucht ihr zehn leere Konservendosen. Die stehen im Vorratsschrank und müssen nur noch leer gefuttert werden. Vielleicht ladet ihr ein paar Freunde ein, die euch dabei helfen. Veranstaltet doch einfach ein lustiges Konservendosen-Inhalt-Durcheinanderessen. Wer sagt denn, dass Würstchen und Ananas nicht zusammenpassen?

Es gibt Dosenöffner, die den Deckel der Dose so abschneiden, dass kein scharfer Rand entsteht. Wenn ihr so einen habt, öffnet ihr die Dosen am besten damit. Bei allen anderen Öffnern bleibt eine mehr oder weniger scharfe Kante stehen. Seid deshalb bitte ganz vorsichtig!

Sind die Bäuche voll und die Dosen leer, wascht ihr sie gründlich aus und trocknet sie ab. Eventuell vorhandene Papierummantelungen müsst ihr auch gründlich entfernen. Anschließend umklebt ihr die Dosenöffnung mit dem Textilklebeband, damit ihr euch nicht mehr daran schneiden könnt. Kleine Töchter lassen diese Arbeit am besten die Mama machen. Ist der Rand entschärft, könnt ihr mit dem Bemalen beginnen.

Aus den drei Grundfarben lassen sich weitere Farben mischen, falls ihr eure Farbauswahl vergrößern wollt. Rot und Blau gibt Violett. Aus Gelb und Blau wird Grün. Rot und Gelb gemischt ergibt ein sattes Orange. Streicht die Dosen in euren Lieblingsfarben an und lasst sie gut trocknen. Bei Dosen, die zuvor eine aufgedruckte Inhaltsangabe anstelle einer Papierbanderole hatten, kann es sein, dass ihr zweimal streichen müsst, bis die Farbe richtig deckt. Oder ihr grundiert die Dosen erst mit weißer Farbe und malt sie dann

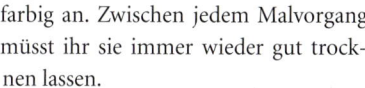

farbig an. Zwischen jedem Malvorgang müsst ihr sie immer wieder gut trocknen lassen.

Haben eure Dosen die letzte Farbschicht bekommen, könnt ihr ihnen mit einer anderen Farbe, die man auf ihrem Untergrund gut sieht, Zahlen aufmalen. Pinselt die Zahlen von eins bis zehn immer mindestens zweimal auf die Dose (vorn und hinten). So lassen sie sich später im Spiel einfacher erkennen. Sind auch die Zahlen trocken, könnt ihr alle Dosen noch mit Klarlack streichen. Das schützt die darunterliegende Farbe und lässt sie schön glänzen. Nur noch einmal trocknen lassen, dann ist euer Spiel fertig.

Probiert es am besten gleich aus. Wenn ihr es draußen aufbaut, ist Mama das wahrscheinlich lieber und ihr könnt beim Werfen weiter ausholen.

Stellt alle Dosen auf einen Tisch. Ihr könnt sie wie eine Pyramide übereinanderstapeln (unten vier und darüber drei, dann zwei und ganz oben eine Dose) oder auch nebeneinander aufstellen. Das ist dann allerdings ganz schön schwer. Jetzt darf jeder dreimal werfen und muss versuchen, dabei so viele Dosen wie möglich umzuwerfen. Bei wem hinterher die wenigsten Dosen stehen geblieben sind, der hat gewonnen. Glückwunsch!

INDIANISCHER REGENMACHER

Das braucht ihr: *Reis, Linsen oder Erbsen, eine Papprolle mit Deckeln, breites Klebeband, Holzspießchen, Hammer, Nagel, Bleistift, Zange, Pinsel, Plakafarbe*

Bewegt man einen indianischen Regenmacher wie eine Wippe auf und ab, hört es sich an, als würde es regnen. Tropfen fallen prasselnd zur Erde, Wasser rauscht wie in einem Bach oder fällt auf ein Blechdach. Wollt ihr wissen, wie das funktioniert, baut ihr am besten selbst einen sogenannten Regenmacher.

Besorgt euch im Papiergeschäft eine Papprolle mit Deckeln. Es gibt sie dort in unterschiedlichen Größen zum Versand oder zur Aufbewahrung von Postern. Meistens befinden sich auf diesen Rollen Spiralen von den Papierstreifen. Falls nicht, malt ihr über die ganze Länge der Rolle selbst eine. Auf die gewundene Linie zeichnet ihr mit jeweils einem Zentimeter Abstand Punkte. Parallel zur ersten malt ihr im Abstand von jeweils ca. einem Zentimeter zwei weitere Linien, die ihr ebenfalls mit Punkten verseht. Mit dem Nagel durchstecht ihr jeden Punkt, eventuell müsst ihr dafür den Hammer zu Hilfe nehmen. Steckt nun die Holzstäbchen horizontal durch die Löcher quer durch das Rohr. Die überstehenden Enden knipst ihr mit der Zange ab. Zur Sicherheit klebt ihr die Enden fest. Auf einer Seite der Rolle befestigt ihr nun den Deckel mit Klebeband. In die offene Seite füllt ihr Reis, Erbsen oder Linsen. Dann den zweiten Deckel schließen. Klebeband außen herum, fertig ist der Regenmacher!

Wenn ihr wollt, bemalt ihr ihn mit indianischen Mustern oder bunten Farben.

Riesenosterei aus Pappmaschee

Das braucht ihr: *großen Luftballon, alte Zeitungen, Tapetenkleister, Schüssel, Wasser, Acrylfarbe, Pinsel*

Pappmaschee herzustellen ist eine herrlich klebrige Angelegenheit. Deshalb ist es auch schlau, alte Sachen dazu anzuziehen und den Boden oder den Arbeitstisch mit reichlich Zeitungspapier auszulegen. Dann kann es losgehen!

Zuerst reißt ihr das Zeitungspapier in schmale Streifen. Je kleiner die Schnipsel sind, desto feiner wird später die Oberfläche eures einmaligen und riesigen Ostereis. Gebt den Tapetenkleister in eine Schüssel und rührt ihn mit Wasser zu einem dickflüssigen Schleim an. Blast den Luftballon auf und knotet ihn zu. Taucht die Papierstreifen in den Kleister und klebt sie auf den Ballon, bis er ganz mit Papier bedeckt ist. Anschließend klebt ihr noch mindestens zwei weitere Schichten auf die erste. Falls euer Ballon zu rund ist und nur mit viel Fantasie an ein Osterei erinnert, habt ihr jetzt auch noch die Chance, mit weiteren eingekleisterten Papierstücken ein Ei zu formen. Sind genügend Schichten aufgetragen und seid ihr mit der Form zufrieden, lasst ihr euer Werk gut trocknen.

Wenn die Schale trocken und hart ist, bemalt ihr sie. Für helle Farbtöne ist es meistens notwendig, mit Weiß zu grundieren. Ihr könnt natürlich auch gleich die endgültige Farbe auftragen und falls sie nicht deckt, ein zweites Mal streichen. Auf die getrocknete Grundfarbe zeichnet ihr Tupfen, Kringel oder verschiedene Muster. Damit zum Schluss alles schön glänzt, tragt ihr noch eine Schicht verdünnten Kleister auf.

RECO-RECO-RHYTHMUSRATSCHE

Das braucht ihr: Stück rundes Holz (ca. 30 cm), Säge, Lineal, Stift, Holzraspel, Holzfeile, Schmirgelpapier, dünnen Stock (etwa 10 cm lang)

Das Reco-reco ist ein lateinamerikanisches Rhythmusinstrument, kann aber auch herrlich als Krachmacher bei Veranstaltungen benutzt werden. Traditionell findet es in verschiedenen brasilianischen Musikstilen Verwendung, und wenn Mamas es spielen, verbessert das angeblich die Chancen auf kleine Geschwister.

Kinder mögen alle Instrumente, die ordentlich laut sind. Haben Sie gute Nerven und kapitulieren nicht vor ein bisschen Lärm? Dann bauen Sie zusammen mit Ihrer Tochter dieses schlichte, aber raffinierte Instrument.

Je länger das Rundholz ist, desto lauter wird später der Ton. Sucht euch einen geraden Ast oder ein Stück von einem Besenstiel. Kürzt ihn auf eine Länge, die ihr gut in der Hand halten könnt. Zeichnet nun im Abstand von ungefähr einem Zentimeter Striche auf. An den markierten Stellen raspelt ihr das Holz an und feilt im Anschluss eine Kerbe hinein. Ihr braucht nicht ganz um das Holz herumfeilen. Es reicht völlig aus, wenn ihr an zwei gegenüberliegenden Seiten Rillen feilt. Sind alle Rillen im Holz, schmirgelt ihr es glatt. Jetzt braucht ihr nur ein kurzes, aber stabiles Stöckchen, mit dem ihr kraftvoll über die Kerben streicht.

Nehmt dazu das Reco-reco in die linke Hand. Die Vertiefungen zeigen nach oben und liegen waagerecht. Bewegt das Stöckchen auf dem Holz hin und her. Ratsch, ratsch!

MAMA ALS KÖCHIN

BROTGENUSS

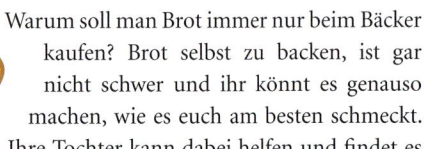

Das braucht ihr: Rührschüssel, Kochlöffel, Messbecher, sauberes Küchentuch, Kastenform
Für den Teig: 1 kg Mehl, 130 ml warmes Wasser, 1 Würfel frische Hefe, 1 TL Salz, 1 EL Zucker, 2 EL Öl, Sonnenblumenkerne, Leinsamen, Sesam

Warum soll man Brot immer nur beim Bäcker kaufen? Brot selbst zu backen, ist gar nicht schwer und ihr könnt es genauso machen, wie es euch am besten schmeckt. Ihre Tochter kann dabei helfen und findet es bestimmt toll, wenn hinterher das selbst gebackene Brot auf dem Tisch steht. Ist Ihr Kind noch klein, können Sie die Zutaten abwiegen. Größere Kinder machen das gerne schon ganz allein.

Für ein einfaches Brot gebt ihr alle Zutaten zusammen in die Schüssel. Zusätze wie Sonnenblumenkerne könnt ihr ganz nach Geschmack wählen. Dann alles gründlich verrühren und mit einem sauberen Küchentuch abdecken. Stellt den Teig für eine Stunde an einen warmen Ort. Er hat nun Zeit aufzugehen, während ihr die Kastenform fettet, ein Spiel spielt oder ein Buch lest. Ist die Stunde um, wagt ihr einen Blick in die Schüssel. Ist der Teigklumpen nicht wesentlich größer als zuvor, gönnt ihr ihm noch ein wenig Ruhe. Hat sich die Masse verdoppelt? Gut! Dann ist der Teig bereit zum Backen. Füllt ihn in die vorbereitete Kastenform und ab in den Ofen damit, der inzwischen auf 170 Grad Celsius vorgeheizt sein sollte. Das Brot braucht jetzt ungefähr eine Stunde. Schaut zwischendurch nach, wie weit es ist. Sieht es schön gebräunt aus und bleibt bei der Garprobe kein Teig mehr am Holzspieß kleben, ist es fertig. Nehmt es aus dem Ofen, befreit es aus der Form und lasst es auf einem Gitter abkühlen. Lust auf eine Kostprobe?

MÄRCHENHAFTE MAHLZEIT

Das braucht ihr: *Märchenbuch, Stift und Papier, Rezepte für die im Buch beschriebenen Gerichte*

In vielen Märchen spielen Speisen eine wichtige Rolle. Auf Hochzeiten wird geschlemmt und geschmaust oder so unscheinbare Gebrauchsgegenstände, wie z. B. Tische, bringen immer neue leckere Gerichte hervor. Obst wird vergiftet, Käse zerquetscht, Brot zerkrümelt und immer wieder bemerkt jemand, dass heimlich vom Tellerchen genascht wurde.

Macht euch das Vergnügen und durchforstet eure Märchenbücher nach Mahlzeiten. Versucht anschließend die Speisen nachzukochen. In den Märchen selbst stehen in der Regel keine Rezepte. Ihr braucht also zusätzlich einen Fundus an Koch- und Backbüchern oder die Möglichkeit, im Internet nach passenden Anleitungen zu suchen. Oder ihr probiert es einfach aus. Besorgt euch die Zutaten, kocht wie im Märchen und ladet die Familie im Anschluss zu märchenhaften Genüssen ein. Hier kommen ein paar Ideen:

Hänsel und Gretel knabbern an einem Pfefferkuchenhäuschen. Wäre das nichts für die Vorweihnachtszeit? Das tapfere Schneiderlein erschlägt die Fliegen, die sich an seinem Musbrot laben. Kocht ein paar Gläser Pflaumenmus im Spätsommer ein. Rapunzels Mutter aß so gerne Feldsalat. Ihr auch? Im Märchen vom süßen Brei kocht ein Töpfchen unentwegt Hirsebrei. Wie der wohl schmeckt? Welchen Kuchen hatte Rotkäppchen in ihrem Körbchen auf dem Weg zur Großmutter? Was stand alles auf dem Tischlein deck dich und was haben die Räuber aus den Bremer Stadtmusikanten gegessen? Denkt euch etwas aus, wenn keine Angaben gemacht werden!

Das braucht ihr für 2 Personen: *Feldsalat, 4 Kirschtomaten, 2 runde Scheiben Ziegenkäse, Walnüsse, Honig, 2 EL Olivenöl, 1 EL Balsamico-Essig, etwas Sojasoße, Pfeffer, Salz*

Erinnert ihr euch an Rapunzel? Als deren Mutter mit ihr schwanger war, schmeckte ihr nichts köstlicher als der Rapunzelsalat aus dem Garten der bösen Zauberin. Im Tausch gegen ihn bekam die Zauberin das Kind und nannte es fortan Rapunzel.

Wenn euch der Rapunzel oder Feldsalat, wie er auch genannt wird, ebenso gut schmeckt, bereitet ihn doch einmal als Vorspeise mit Ziegenkäse zu. Pro Portion nehmt ihr eine Scheibe Ziegenkäse, auf die ihr einen Tropfen Honig gebt. Backt den Käse bei 180 Grad Celsius im vorgeheizten Ofen. Werft zwischendurch mal einen Blick hinein, denn der Käse braucht nicht allzu lange und soll schließlich nicht zerlaufen. Währenddessen wascht ihr die Salatblätter gründlich unter fließendem Wasser. Aus Olivenöl, Balsamico-Essig, Honig und Sojasoße mischt ihr ein Dressing, das ihr mit Salz und Pfeffer abschmeckt. Vermischt alles gut mit dem Salat. Die Tomaten viertelt ihr, die Walnüsse werden grob gehackt und mit in die Schüssel gegeben. Anschließend verteilt ihr alles auf die Teller. Inzwischen ist auch der Käse fertig. Nehmt ihn vorsichtig aus dem Ofen und legt ihn oben auf den Salat. Verbrennt euch dabei nicht die Finger, er ist sehr heiß!

Nun aber schnell zu Tisch! Der Feldsalat fällt schnell in sich zusammen und will nicht lange warten.

MMMMH, LECKER!

KNUSPERPRALINEN

Das braucht ihr: 200 g Blockschokolade, 100 g Cornflakes, 2 Töpfe, die ineinander passen, Kochlöffel, Gabel,
Schneidbrett, Messer, Blech, Backpapier

Die meisten Kinder sind kleine Schle-
ckermäulchen. Sie lieben alles Süße, ganz besonders
begehrt ist dabei Schokolade. Wenn Ihre Tochter da
keine Ausnahme darstellt, macht es ihr sicher sehr viel
Spaß, eigene Süßigkeiten herzustellen. Knusperprali-
nen sind nicht nur lecker, sondern auch noch schnell gemacht. Sie gelingen immer und sind außerdem ein hübsches Mitbringsel für jeden Anlass.

Zuerst zerkleinert ihr die Schokolade. Das hat den Vorteil,
dass sie hinterher im Wasserbad schneller schmilzt. In einem großen Topf setzt ihr Wasser auf, das
ihr zum Kochen bringt. Die grob gehackte
Schokolade kommt in einen kleineren Topf,
der in den großen eingehängt wird. Am besten macht ihr eine Trockenübung, um zu sehen, ob sie
gut ineinanderpassen. Man kann die Schokolade auch in einem Gefrierbeu-
tel schmelzen. Es darf kein Wasser in die flüssige Schokolade laufen, weil die
Masse sonst sofort Klumpen bildet. Rührt die Schokolade im
Wasserbad gut um, bis alles gleichmäßig geschmolzen ist.
Dann fügt ihr die Cornflakes hinzu. Mit einer Gabel hebt ihr
sie vorsichtig unter, bis alle Stückchen gut
überzogen sind. Nehmt den Topf vom
Herd. Hebt nun mit der Gabel kleine Häuf-
chen Schoko-Cornflakes auf das Blech mit dem Backpapier. Dort können die Knusper-
pralinen in Ruhe auskühlen, falls ihr sie
nicht bereits vorher alle vernascht.

Tipp: Schmeckt auch toll mit weißer
Schokolade oder Mandelsplittern!

GUMMIBÄREN-BANDE

Das braucht ihr: 130 g Gelatine, 400 g Zucker, 400 ml Sirup,
20 ml Weinsäure oder 4 EL Zitronensaft, Wasser, Speisestärke,
Gummibärchen, Töpfe, Schüssel, Schneebesen, Schaumlöffel,
Pralinen- oder kleine Plastikförmchen

Zuerst verrührt ihr die Gelatine mit 200 Millilitern Wasser in einer
kleinen Schüssel. Die Mischung lasst ihr 15 Minuten quellen. Erst
dann wird sie vorsichtig im Wasserbad erhitzt, aber nicht gekocht.

In einem zweiten Topf vermischt ihr 400 Gramm Zucker mit
120 Millilitern Wasser und lasst das Ganze aufkochen. Danach
nehmt ihr den Topf vom Herd, fügt 400 Milliliter Sirup dazu
und mischt alles gut durch. In den Topf mit der Zuckermischung
gießt ihr anschließend die aufgelöste Gelatine und den Zitronensaft bzw. die Weinsäure. Rührt alles kräftig durch und stellt es für ungefähr zehn Minuten auf eine warme Herdplatte. Die Masse soll dort eine
Weile warm gehalten werden.

Falls sich durch das kräftige Rühren Schaum gebildet hat, schöpft
ihr ihn ab. Danach ist die Masse fertig und kann in die Förmchen gefüllt werden. Gut geeignet sind dafür die Plastikeinsätze
von Pralinenschachteln oder Adventskalendern. Sollen eure
Leckereien den echten Bärchen im Aussehen nicht nachstehen,
verteilt ihr eine dicke Schicht Speisestärke auf einem Backblech. Dort hinein drückt ihr ein echtes Gummibärchen. Löst
es vorsichtig heraus, sodass die Form erhalten bleibt. Schon
habt ihr eine Gussform für eure selbst gemachten Leckerei-
en. Wiederholt das Ganze entsprechend oft, damit ihr viele
Förmchen bekommt.

Ist die Masse auf die Formen verteilt, habt ihr viel Zeit. Es
dauert nämlich Stunden, bis die Gelatine wieder fest wird.
Die Bären müssen vollständig durchtrocknen, bevor ihr welche naschen könnt. Eure Geduld lohnt sich aber!

KAFFEEKRÄNZCHEN

Das braucht ihr:
Einladungen an die Freundinnen, verschiedene Kuchen und Kekse, Kakao und Limonade, einen festlich gedeckten Tisch

Wollt ihr mal wieder eure Freundinnen einladen, um über alle aktuellen Themen zu quatschen, ist ein Kaffeekränzchen genau das Richtige. Es ist nicht mit so viel Aufwand verbunden wie ein Geburtstagsfest, aber auch nicht ganz so formlos wie eine Nachmittagsverabredung zum Spielen.

Besonders schön ist es, wenn ihr Einladungskarten an die Gäste verteilt. Dort könnt ihr Datum und Uhrzeit notieren und ob der Kaffeeklatsch unter einem bestimmten Motto steht. Ist das Treffen speziell für Feen und Prinzessinnen gedacht und gibt es bestimmte Kleidervorschriften? Schreibt eure Wünsche mit in die Einladung. Wie gefällt euch z. B. das:

Prinzessin ... (hier setzt ihr euren Namen ein) bittet dich am ... um ... an die festliche Kakaotafel. Eine dem Anlass angemessene Kopfbedeckung ist erwünscht. Hoheitsvolle Grüße aus der kaiserlich-königlichen Residenz (hier setzt ihr euren Nachnamen ein)

Lustig ist es auch, zusammen mit den Freundinnen ihre Teddys als Begleiter einzuladen. Für ein Kaffeekränzchen braucht es natürlich verschiedene Leckereien. Kleine Törtchen wie Petits Fours oder Muffins machen auf jeder Tafel einen guten Eindruck, genauso wie eine kleine Auswahl an Keksen. Rechtzeitig bevor die Gäste kommen, deckt ihr den Tisch festlich ein. Teller mit passenden Tassen, ein paar Kerzen, hübsche Servietten, ein frisches Tischtuch und ein paar Blumen aus dem Garten gehören unbedingt dazu. Jetzt nur noch schnell den Kakao kochen und die Kuchenplatten anrichten, dann begrüßt ihr eure Gäste mit einem tiefen Knicks an der Haustür.

HERMANN-KUCHENTEIG

Das braucht ihr: 100 g Weizenmehl, 1 EL Zucker, halbes Pck. Trockenhefe, 150 ml Wasser, Plastikschüssel mit verschließbarem Deckel, Rührlöffel aus Kunststoff

Die Regeln besagen, dass der Hermann-Kuchenteig nur an liebe Menschen verschenkt wird. Mit dabei ist auch immer der Hermann-Brief, in dem zu lesen ist, wie der Teig behandelt, d. h. gerührt und gefüttert, werden muss, damit aus ihm später ein leckerer Kuchen wird. Hermann ist eben ein ganz besonderer Kuchen …

Kennt ihr niemandem mit einem Hermann-Teig, setzt ihr selbst welchen an. Ihr könnt ihn dann später verschenken und jemandem damit eine Freude machen. Für den Ansatz siebt ihr das Mehl in eine Plastikschüssel. Sie muss später gut verschließbar sein. Gebt die Trockenhefe und den Zucker dazu. Vermischt die Zutaten gründlich, bevor ihr das lauwarme Wasser hinzugießt. Von der Mitte aus

verrührt ihr nun alles zu einem glatten Teig. Dann verschließt ihr die Schüssel. Den Teigansatz lasst ihr jetzt an einem warmen Ort zwei Tage gehen. Zwischendurch rührt ihr ihn ab und zu um. Am dritten Tag wandert Hermann für 24 Stunden in den Kühlschrank. Danach ist der Ansatz fertig und kann weiter benutzt werden. Dieser Tag zählt als der erste Hermann-Tag. Ihr könntet den Teig nun verschenken oder bis zum Backen weiterpflegen. Wie das geht, steht im Hermann-Brief.

Hermann-Brief

Bewahre Hermann in einem hohen, nicht ganz dicht verschlossenen, nicht metallischen Gefäß im Kühlschrank auf. Hermann muss jeden Tag umgerührt werden, denn er will hoch hinaus.

Hier ist Hermann. An dem Tag, an dem du Hermann bekommst, also am 1. Tag, gönnst du ihm Ruhe.

1. Tag: Ruhen lassen
2. Tag: Umrühren
3. Tag: Umrühren
4. Tag: Umrühren
5. Tag: In ein größeres Gefäß umfüllen und füttern: 1 Tasse Mehl, halbe Tasse Zucker, 1 Tasse Milch hinzufügen und gut verrühren.
6. Tag: Umrühren
7. Tag: Umrühren
8. Tag: Umrühren
9. Tag: Umrühren
10. Tag: Backtag. Füttere ihn abermals mit jeweils einer Tasse Milch, Mehl und Zucker. Alles gut miteinander vermischen.

Das brüderliche Teilen

Teile Hermann in vier gleiche Teile. Brüderlich bedeutet, zwei Teile sind zum Verschenken, ein Teil zum Einfrieren auf Vorrat und ein Teil ist für dich zum Backen deines Hermann-Kuchens gedacht.
Gib den Beschenkten den Teig und dazu diesen Hermann-Brief weiter.

Backen des Teiges

Nach dem Teilen gibst du deinen Teil Hermann in eine große Schüssel und fügst eine Tasse Zucker, eine Prise Salz, drei Eier, eine halbe Tasse Öl und eine Tasse Milch hinzu. Zwei Tassen Mehl, ein Päckchen Backpulver sowie ein Päckchen Vanillezucker vermengst du miteinander und siebst sie in die Mischung. Alles zusammen kommt in eine gefettete Form. Bei 180 Grad Celsius backt ihr den Kuchen 45–55 Minuten. Fertig!

FEENMUFFINS FÜR DEN GEBURTSTAG

Das braucht ihr für 12 Muffins: 125 g Butter, 100 g Zucker, 2 EL Vanillinzucker, 2 Eier, Buttervanille-Aroma, 250 g Mehl, 2 TL Backpulver, 100 ml Milch, rote Lebensmittelfarbe, 1 Marzipandecke, weiße Kuvertüre, rote Zucker-Schrift, Muffinform und 12 Papierförmchen

Für einen zauberhaften Feengeburtstag darf natürlich das passende Gebäck nicht fehlen. Appetit auf hübsch verzierte Feenmuffins? Dann los!

Während der Ofen auf 180 Grad (Umluft) vorheizt, rührt ihr die Eier mit Butter, Zucker, Vanillinzucker und vier Tropfen Buttervanille-Aroma schaumig. Das Mehl vermischt ihr mit dem Backpulver und rührt es abwechselnd mit der Milch unter die Masse. Das geht am besten mit einem elektrischen Rührgerät. Den glatten Teig verteilt ihr auf eine mit zwölf Papierförmchen ausgelegte Muffinform. Das Blech kommt für ca. 25 Minuten in den Ofen. Die fertigen Muffins müssen anschließend gut auskühlen.

Aus der ausgerollten Marzipandecke stecht ihr mit einem Wasserglas zwölf Kreise aus und belegt die Muffins damit. Die weiße Kuvertüre wird im Wasserbad oder der Mikrowelle geschmolzen. Dann färbt ihr sie mit der Lebensmittelfarbe zartrosa und gießt sie noch flüssig über die Muffins. Ist die Glasur fest geworden, verziert ihr sie zusätzlich mit der roten Zuckerschrift. Wie mit einem Stift lassen sich damit Herzchen, Feenflügel oder einfach nur rote Spiralen auf die Minitörtchen malen. Die Verzierung lasst ihr ebenfalls trocknen. Dann ist alles für die Gäste bereit. Herzlichen Glückwunsch! Feiert schön, ihr kleinen Feen!

OBST KANDIEREN

Das braucht ihr: verschiedene Früchte, 1 kg Zucker, 1 l Fruchtsaft oder Wasser, Topf, feinmaschiges Sieb, Schüssel, Kuchengitter

Kandiertes Obst ist eine köstliche Nascherei, die ihr in jedem Supermarkt fertig kaufen könnt. Die Leckerei selbst herzustellen, ist aber nicht nur lustiger, sondern auch noch wesentlich preiswerter. Weil ihr wisst, welche Zutaten ihr verwendet, ist eure Süßigkeit auch gesünder und nachhaltiger. Die Zubereitung der kandierten Früchte ist sehr einfach, allerdings dauert es mehrere Tage bis sich das Obst richtig schön mit der Zuckerlösung vollgesogen hat.

Für die Lösung kocht ihr einen Liter Wasser (oder Saft) zusammen mit dem Zucker auf, bis sich der Zucker vollständig gelöst hat und Fäden zieht. Dann lasst ihr die Flüssigkeit wieder etwas abkühlen. In dieser Zeit bereitet ihr das Obst vor. Wascht es gründlich und schneidet es in mundgerechte Stücke. Bei Früchten, die eine harte Schale haben, stecht ihr die Außenhaut mit einer Gabel mehrmals tief ein, damit der Zucker gut eindringen kann. Äpfel und Birnen müssen vor dem Kandieren blanchiert werden. Überbrüht sie dazu kurz mit kochendem Wasser und schreckt sie sofort danach mit kaltem Wasser ab.

Gebt die Früchte zum Kandieren in ein Sieb, das ihr in eine hitzebeständige Schüssel hängt. Gießt die Zuckerlösung über das Obst, bis alle Stücke bedeckt sind. Einen Tag lang müsst ihr die Früchte nun in Ruhe und zugedeckt ziehen lassen. Am nächsten Tag kocht ihr die Lösung wieder auf und gießt sie, etwas abgekühlt, erneut über eure Früchte. Dann das Ganze wiederum 24 Stunden ziehen lassen. Wiederholt den Vorgang noch zweimal, dann können die süßen Früchtchen auf einem Gitter trocknen. Köstlich!

BLIND ESSEN

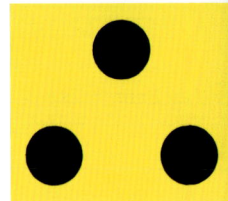

Das braucht ihr: Tuch zum Verbinden der Augen,
Teller mit verschiedenen Lebensmitteln, Besteck

Habt ihr schon einmal etwas vom „Dialog im Dunkeln" gehört? Das ist ein spannendes Erlebnis: Besucher kommen in einen stockdunklen Raum und können sich nur durch Tasten und Hören orientieren, als wären sie blind. Einige dieser Einrichtungen haben ein Restaurant, in dem man auch essen kann – natürlich auch ohne Licht. Das klingt lustig, nicht wahr? Es ist aber gar nicht so einfach, denn in unserem Alltag spielen die Augen eine große Rolle. Versucht es doch am besten selbst einmal!

Setzt euch an einen Tisch. Eine von euch beiden bekommt die Augen verbunden. Wenn sie nichts mehr sehen kann, wird ein Teller mit Essen vor sie hingestellt. Sie weiß nicht, was auf dem Teller ist oder wo sich was befindet. Blind greift sie zum Besteck und versucht es zunächst allein. Ihr werdet merken, wie schwer das ist! Erbsen lassen sich nicht einfach auf die Gabel pieken und flüchten blitzschnell vom Teller. Nudeln sind manchmal glitschige Gesellen und flutschen vom Besteck. Kleine Möhren und Rosenkohl kullern hin und her. Uff!

Jetzt darf die Sehende ein bisschen helfen. Mit Hinweisen wie „Erbsen auf 12 Uhr" oder „Kohlrabi schräg rechts oben" wird es ein wenig einfacher. Auch Anweisungen wie „Weiter, weiter, weiter … STOPP!" könnten zum Erfolg führen. Findet selbst heraus, wie ihr am besten Hilfestellung geben könnt.

Für Zuschauer sieht das Herumgestochere sicher lustig aus! Aber als „Blinde" werdet ihr bestimmt froh sein, wenn ihr wieder sehen dürft, was wo auf eurem Teller liegt. Dann könnt ihr endlich wieder richtig reinhauen!

Viel Glück!

MAMA ALS GÄRTNERIN

BLUMENZWIEBEL-WUNDERTÜTE

Das braucht ihr: *freies Fleckchen im Garten, Blumen-zwiebeln aller Art und Farben, kleine Schaufel, Hacke, Blatt Papier, Farbstifte*

Bewundert auch ihr Gärten und Parks, in denen Blumen wunderbare Muster bilden? Da werden aus vielen kleinen Blüten plötzlich riesige Blätter oder die Flügel eines Schmetterlings. Mitten aus dem Beet leuchtet ein Willkommensgruß oder die Umrisse eines Kontinents. Wie geht das?

Findet es selbst heraus! Überlegt euch zuerst, welches Bild oder welche Formen in eurem Garten wachsen sollen. Wie viel Platz braucht ihr dafür? Ebenfalls wichtig ist, in welchen Farben euer Kunstwerk leuchten soll. Dann macht ihr euch an die Auswahl der passenden Blumenzwiebeln. Welche haben das schönste Blau, welche Blumen blühen später knallrot? Achtet bei eurer Auswahl darauf, dass alle Blumen ungefähr zur selben Zeit blühen. Sonst ist euer Muster später nicht vollständig zu erkennen. Wichtig ist auch, dass sie etwa die gleiche Höhe erreichen, weil sie sich sonst gegen-seitig verdecken.

Sind alle Blumenzwiebeln besorgt, malt ihr euch einen Plan, wie euer Beet später aussehen soll. Legt fest, wo die einzelnen Zwiebeln gepflanzt werden müssen, damit sich später das Bild ergibt. Bereitet dann das Beet vor. Dazu lockert ihr mit der Hacke den Boden und hebt ihn in Pflanztiefe aus. Markiert die Bereiche für die verschiedenen Zwiebeln oder setzt sie direkt in den Boden. Erde darüber, gießen und geduldig ab-warten, ob zur Blütezeit das geplante Bild zu sehen ist.

SCHÖNHEITSBEET

Das braucht ihr: *kleine Hacke, kleine Schaufel, Gemüsesamen (Tomate, Gurke), Kräutertöpfchen (Salbei, Zitronenmelisse, Pfefferminze, Basilikum, Rosmarin), Lavendel, Duftrosen*

Eine Haut wie Samt und Seide, ein ebenmäßiger Teint, Haare, so glänzend wie ein kostbarer Stoff und so zart duftend wie ein Frühlingsmorgen. So werden Prinzessinnen gerne im Märchen beschrieben. Wollt ihr wie eine Prinzessin aussehen und duften, ohne Geld für teure Kosmetika auszugeben? Dann legt euch ein Beet an. Dort hinein pflanzt ihr alles, was der Schönheit dient. Sind die Samen aufgegangen und eure Arbeit trägt Früchte, macht ihr daraus natürliche Cremes und mehr.

Alles, was ihr dafür braucht, sind ein Fleckchen Garten für ein Beet und die passenden Pflanzen beziehungsweise Samen. Lockert die Erde gut auf, bevor ihr mit dem Pflanzen und Säen beginnt. Samen pflanzt ihr nach Packungsanleitung. Vorgezogene Pflanzen in Töpfen setzt ihr in ein gut gewässertes

Erdloch ein. Auch sehr praktisch sind Saatbänder. Sie werden ausgelegt und mit Erde bedeckt.

Was wollt ihr pflanzen? Gurke und Zitronenmelisse eignen sich hervorragend für Schönheitsmasken. Tomaten helfen gegen Pickel. Ein Peeling mit Kräuterzusatz verspricht samtene Haut. Ein Basilikumbad entspannt wunderbar, eines mit Rosmarin sorgt für eine bessere Durchblutung der Haut. Fußbäder mit Pfefferminze sind eine wahre Wohltat, außerdem erfrischt das Kraut herrlich. Eine Spülung mit Salbei sorgt für glänzende Haare und ist außerdem noch gut gegen fettige Kopfhaut.

Bestimmt stellt sich ein Hochgefühl ein, wenn ihr euch pflegt wie Prinzessin Tausendschön. Weil die Kosmetik selbst hergestellt und ganz ohne Chemie ist, könnt ihr sie auch ohne schlechtes Gefühl so oft verwenden, wie ihr wollt. Genießt es!

Das braucht ihr: 2 Handvoll stark duftender Rosenblätter, großes Sieb, Löffel, Schüssel, Messbecher, kleines schönes Fläschchen

Schon vor Jahrhunderten benutzten die Königinnen und die feinen Herrschaften Rosenwasser zum Parfümieren. Der zarte Duft war besonders im Orient beliebt, wo die Märchen aus Tausendundeiner Nacht spielen. Wollt ihr duften wie die feinen Damen? Nichts einfacher als das! Rosenwasser herzustellen, ist nämlich kinderleicht.

Schnuppert euch einmal durch den Garten und sucht die Rosen aus, die am stärksten duften. Je stärker das Aroma, desto intensiver riecht später auch euer Parfüm. Für ein kleines Fläschchen pflückt ihr ungefähr zwei Handvoll von den Blüten. Gebt auf die Dornen acht, manche Rose gibt ihre Pracht nicht gerne her. Die Blätter kommen in die Schüssel. Gebt so viel Wasser hinzu, dass sie gerade eben bedeckt sind. Jetzt müssen sie im Wasser ziehen. Das dauert einige Stunden. Zwischendurch rührt ihr die Blätter immer wieder durch. Ist der Rosenduft auf das Wasser übergegangen, gießt ihr es ab und füllt es in eine hübsche kleine Parfümflasche. Sie muss gut schließen, sonst verflüchtigt sich der zarte Duft sehr rasch. Euer Parfüm ist fertig. Ein paar Tropfen hinter das Ohr, und ihr fühlt euch wie eine orientalische Prinzessin. Bezaubernd!

Das Parfüm ist übrigens auch ein wunderbares Geschenk für die beste Freundin. Setzt deshalb gleich ein bisschen mehr Rosenblätter an!

MINIGARTEN

Das braucht ihr: *Schraubgläser, Blumenerde, Gräsersamen, Kresse- oder Senfsamen, Sprühflasche, Modellbahnfiguren zum Dekorieren*

Samen zu sähen und dann täglich zu beobachten, wie sie wachsen, ist spannend. Wenn ihr euch einen kleinen Minigarten für die Fensterbank anlegt, könnt ihr jeden Tag die Fortschritte beobachten. Erst passiert eine zeitlang gar nichts, doch auf einmal sprießt und grünt es in den Gläsern. Erschafft euch kleine zauberhafte Welten!

Besorgt euch alte Gläser mit Schraubdeckel. Gut ist, wenn sie nicht allzu hoch sind, dann kommt ihr besser an eure Miniaturwelt heran. Füllt die Blumenerde hinein, bis der Boden gut bedeckt ist. Drückt die Erde leicht an. Auf der Erde verteilt ihr die Samen schön gleichmäßig, damit später eine dichte grüne Wiese entsteht. Auch die Samen drückt ihr vorsichtig in die Erde, bevor ihr sie anfeuchtet. Jetzt heißt es erst mal warten. Regelmäßig und schön vorsichtig gießen, sonst spült ihr mit einem kräftigen Wasserstrahl die Samen alle auf einen Haufen, und mit dem gleichmäßigen Wuchs ist es vorbei. Benutzt zu Beginn dafür eine Sprühflasche, bis die grünen Hälmchen fest verwurzelt sind.

Je nach Art der Samen und dem Standort der Gläser bilden sich nach einigen Tagen die ersten grünen Triebe. Und dann wachsen sie in einem Tempo, bei dem ihr fast zuschauen könnt. Sind die grünen Halme ein paar Zentimeter hoch, könnt ihr sie mit euren Figuren bevölkern. Lebt dort eine Fee im Zauberwald, ein Förster mit Igeln und Eichhörnchen oder gehen zwei Kinder über die Wiese?

STRAHLENDE SONNENBLUMEN

Das braucht ihr: *Sonnenblumensamen, Blumenerde, Blumentöpfe oder Eierkartons*

Sonnenblumen leuchten im Spätsommer manchmal zu Tausenden auf den Feldern. Die Köpfe alle der Sonne zugewandt, stehen sie majestätisch und fest verwurzelt im Boden. Kinder lieben sie, weil sie riesig werden können. Großartig ist auch, dass zum Ende des Sommers die Kerne aus der großen Blüte gepult und geknabbert werden können. Aus ihnen lässt sich aber auch ein Sonnenblumenkernbrot backen, oder ihr bereitet den Vögeln im Winter eine Mahlzeit daraus.

Kauft euch ein oder mehrere Tütchen mit Sonnenblumenkernen. Es gibt die Blumen mit dem knallgelben Kopf in verschiedenen Größen und Schattierungen. Einige Sorten werden nur ungefähr einen halben Meter hoch und leuchten eher orange, andere wachsen bis zu einer Höhe von über zwei Metern und sind sattgelb. Welche gefallen euch besser? Da nicht immer alle Kerne aufgehen, besorgt ihr sicherheitshalber gleich ein bis zwei Samentütchen mehr.

Ist es draußen für Blumen noch zu kalt, könnt ihr sie drinnen in Töpfen vorziehen. Je nach Größe des Blumentopfs steckt ihr einen oder mehrere Kerne in die Erde. Leicht bedecken und gut angießen. Anstelle von Pflanztöpfen eignen sich auch Eierkartons. Die Fächer trennt ihr später auf und pflanzt die Sonnenblumen samt Pappe in den Garten. Ist es draußen warm genug, kommen die Keimlinge ins Freie. Ab jetzt könnt ihr täglich staunen, wie schnell sie wachsen. Wie groß sie wohl werden?

DUMME AUGUSTINE

Das braucht ihr: Eierkarton, Schere, Farben, Pinsel, Gummiband, Pappbecher, Kleidung, die zu groß oder sehr bunt ist, Regenschirm

Clowns sorgen immer für Spaß und gute Laune. Jeder lacht gerne über ihre Tollpatschigkeit, ihre Blödeleien und die komischen Klamotten. Kinder können sich über ihre Albernheiten geradezu schlapplachen. Wie wäre es deshalb, wenn Sie und Ihre Tochter sich selbst einmal als Spaßmacher versuchen?

Eine Kostümierung ist schnell gezaubert. Von einem Eierkarton schneidet ihr eine der unteren Ausbuchtungen mit der Schere ab. Bemalt sie mit etwas roter Farbe und fädelt ein Gummiband hindurch. Fertig ist die Clownsnase. Ein passendes Hütchen wird im Nu aus einem umgedrehten Pappbecher gebastelt. Auch hier sorgt ein Gummiband für Halt. Wenn ihr wollt, bemalt ihr den Becher – Pardon, Hut! – zusätzlich mit knalligen Farben. Herrlich schräg sehen Farbkombinationen aus, die eigentlich nicht zueinander passen. Jetzt borgt ihr euch von Papa einen Arbeitsoverall oder ein altes Jackett. Die viel zu großen Gummistiefel machen das Outfit komplett. Ihr könnt natürlich auch eure eigenen Sachen anziehen. Kombiniert sie wild durcheinander. Rock über Kleid über Hose, T-Shirt über Bluse, Hauptsache schön durcheinander und bunt. Fertig!

Dann wird es Zeit fürs Quatschmachen. Vollführt alberne Purzelbäume, balanciert mit dem Kinderschirm in der Hand auf der Sofalehne, denkt euch lustige kleine Geschichten aus. Alles, was man verkehrt machen kann, macht ihr verkehrt. Zähneputzen mit der Spülbürste, Kämmen mit der Gabel, Fahrradhelm falsch herum aufsetzen. Stellt euch absichtlich richtig doof an – denn vernünftig war gestern!

SCHERZFRAGEN-WETTBEWERB

Das braucht ihr: Zettel mit vorbereiteten Scherzfragen, Stift, Uhr, Spielchips

Scherzfragen sind witzige kleine Rätsel, deren Lösung oft so simpel ist, dass man sich hinterher wundert, warum man nicht gleich darauf gekommen ist. Sie sind super geeignet, um sich zwischendurch gemeinsam die Zeit zu vertreiben, z. B. auf langen Autofahrten oder während man im Restaurant auf das Essen wartet. Kostprobe gefällig? Wer hört alles und sagt nichts? Habt ihr die Antwort? Richtig, es ist das Ohr!

Wahrscheinlich kennt ihr bereits eine Reihe solcher Knobeleien. Wie wäre es dann mit einem Wettbewerb? Im ersten Teil des Scherzfragen-Turniers schreibt jede für sich so viele Scherzfragen auf ein Blatt Papier, wie ihr einfallen. Dafür habt ihr zehn Minuten Zeit. Für jede notierte Frage bekommt ihr einen Punkt. Jetzt geht es ans Lösen. Stellt euch abwechselnd die Rätsel, die ihr zuvor aufgeschrieben habt. Sind sie schwer genug, dass ihr nicht auf die Antwort kommt? Gut so! Denn auch hier werden Punkte verteilt. Ist die Antwort richtig, geht der Punkt an die Ratefrau, ist sie falsch, bekommt die Fragefrau einen Punkt gutgeschrieben. Damit ihr mit den ganzen Punkten nicht durcheinanderkommt, schreibt ihr sie entweder gleich auf oder benutzt Spielchips. Wenn alle Rätsel gelöst oder erraten sind, zählt ihr eure Punkte zusammen. Wer die meisten hat, gewinnt den Wettbewerb.

Wenn ihr jetzt noch Lust habt, denkt ihr euch gemeinsam weitere Scherzfragen aus, die ihr euren Freundinnen stellen könnt.

Welches Volk hat eine Königin, aber keinen König?

Das Bienenvolk.

Wer liegt immer im Bett?

Der Fluss.

Womit fängt der Tag an und hört die Nacht auf?

Mit T.

Wer trägt eine Brille, sieht aber trotzdem nichts?

Die Nase.

Wer kann alle Sprachen sprechen?

Das Echo.

Welcher Mann hat kein Gehör?

Der Schneemann.

Wer geht mit mir baden und wird nicht nass?

Mein Schatten.

Welche Hose ist gefährlich?

Die Windhose.

Wer es mag, der sagt es nicht; wer es nimmt, der kennt es nicht; wer es kennt, der nimmt es nicht. Was ist das?

Falschgeld.

Welches Tier hat die Knochen außen und das Fleisch innen?

Der Krebs.

Welcher König regiert kein Land?

Der Zaunkönig.

Welches Pferd kann man nicht reiten?

Das Seepferdchen.

Welches ist der beste Rat?

Der Vorrat.

Welcher Ring ist nicht rund?

Der Hering.

Welche Bilder kann man nur im Dunkeln sehen?

Die Sternbilder.

Welcher Fall tut nicht weh?

Der Beifall.

Welcher Monat hat 28 Tage?

Alle Monate.

Was ist grün und hat Angst vor der Polizei?

Ein Essiggschurke.

Welche Mauer stürzt beim Durchbrechen nicht ein?

Die Schallmauer.

Welchen Satz hört ein Hai am liebsten?

Mann über Bord.

Ich habe ein Loch und hinterlasse ein Loch und wandere durch das, was ich mache, auch noch hindurch. Was ist das?

Eine Nadel.

Wer frisst sogar Eisen?

Der Rost.

PUTZMARATHON MIT WISCHSCHUHEN

Das braucht ihr: Bodenwischschuhe oder einfache Wischtücher, Gummistiefel, Musik

Wenn Pippi Langstrumpf den Boden wischen wollte, band sie sich zwei Scheuerbürsten unter die Füße, kippte Wasser auf den Fußboden und rutschte so lange darauf hin und her, bis alles sauber war. So einfach und lustig kann Hausarbeit sein!

Machen Sie es Pippilotta Viktualia Rollgardina Pfefferminz Efraimstochter Langstrumpf nach und veranstalten Sie mit Ihrer Tochter einen blitzputzblanken Nachmittag! Um die Böden quasi im Vorübergehen zu wischen, müssen Sie allerdings nicht das ganze Haus unter Wasser setzen. Zum Staubwischen gibt es inzwischen Bodenwisch-Hausschuhe. Diese zieht man wie Pantoffeln über und schlurft damit über Fliesen und Parkett. Das ist dann so ähnlich wie bei einer Schlossbesichtigung in rutschigen Filzschuhen. Wollen Sie nicht extra Geld für Wischschuhe ausgeben, tun es auch normale Wischtücher. Bindet sie euch einfach um die Füße. Dann kann es losgehen. Rutscht gemeinsam durch alle Zimmer, in alle Ecken und Winkel. Probiert verschiedene Wischtechniken aus. Macht ganz lange Schritte wie beim Skilanglauf, ganz kurze trippelnde wie eine japanische Geisha, oder tut so, als wärt ihr Eistänzerinnen. Damit es noch mehr Spaß macht, legt ihr euch fetzige Musik auf. Das können die neuesten Hits aus dem Radio sein oder eure Lieblingsmusik. Wetten, dass putzen auf einmal Spaß macht?!

SPIEGELPANTOMIME

Das braucht ihr: großen Spiegel

Euer eigenes Spiegelbild ist euch sicherlich vertraut. Jeden Morgen, jeden Abend schaut es euch im Badezimmer an. Mal lächelt es freundlich, mal streckt es die Zunge heraus oder legt die Stirn in Falten. Aber immer macht es genau das, was ihr vor dem Spiegel tut, nur eben seitenverkehrt. Wie wäre es, wenn euch plötzlich jemand anderes aus dem Spiegel heraus anblicken würde? Was ihr auch macht, das Gesicht kopiert jede eurer Regungen. Verrückt, oder? Probiert es aus!

Verständigt euch darauf, wer von euch das Original ist und wer die Kopie. Die Regeln für das Spiel sind denkbar einfach. Das Original kann machen, wozu es gerade Lust hat: die Nase rümpfen, sich strecken, auf einem Bein stehen oder hüpfen, sich die Haare raufen oder schnarchen. Die Aufgabe der Kopie ist, alle Bewegungen und Verrenkungen möglichst perfekt nachzumachen. Dabei kommt es nicht nur auf eine genaue Beobachtungsgabe an, sondern auch noch auf ein gutes Reaktionsvermögen. Schließlich sollen die Körperhaltung und Mimik so zeitnah, wie es geht, angepasst werden. Stellt euch dazu wie beim Blick in den Spiegel genau gegenüber. Denkt euch eine Glasscheibe zwischen euch und bewegt euch wie ein Pantomime dicht an dicht, aber immer, ohne euch zu berühren. Eine andere Variante ist, sich nebeneinander vor einen Spiegel zu stellen. So könnt ihr euch beide darin sehen und gleich kontrollieren, ob die Körperhaltung oder die Grimassen übereinstimmen.

Denkt euch ganze Bewegungsabläufe aus, erstellt eine richtige Choreografie und führt sie der Familie vor. Bestimmt sind alle fasziniert!

HEXENFOTOS

Das braucht ihr: Plastikkamm, Luftballon, Fotoapparat

Manchmal bekommt man einen kleinen elektrischen Schlag, wenn man die Türklinke anfasst, nachdem man über den Teppich gelaufen ist. Oder euch stehen nach dem Kämmen die Haare zu Berge, weil sie sich elektrisch aufgeladen haben.

Nutzt diesen Effekt für schaurig schöne und lustige Hexenfotos. Alles, was ihr dazu braucht, sind ein Plastikkamm und ein Luftballon. Kämmt euch mit dem Kamm lange und ausdauernd. Je länger, desto besser. Durch die Reibung laden sich die Haare auf und stoßen sich voneinander ab. So kommt es, dass sie euch plötzlich zu Berge stehen. Hilfe, wie sieht das denn aus?! Da dieser Zustand nicht lange anhält und sich die Ladung schnell wieder abbaut, müsst ihr euch mit dem Foto beeilen. Schnell die Kamera gezückt und die wilde Frisur mit einem Schnappschuss festgehalten. Wenn es besonders gruselig werden soll, schminkt ihr euch vorher noch so, wie ihr euch eine Hexe vorstellt, und schneidet fürchterliche Grimassen.

Den gleichen Effekt könnt ihr erzielen, wenn ihr einen aufgeblasenen Luftballon an einem Wollpulli reibt. Macht das eine Weile und haltet den Luftballon anschließend dicht über euren Kopf. Schwupp! Alle Haare fliegen hoch in Richtung Ballon und bleiben dort in der Luft stehen, bis die statische Ladung nachlässt. Dann fallen sie herunter und sehen aus wie immer. Fast ein bisschen langweilig, was? Wie gut, dass ihr die Fotos geschossen habt! Wer hat die beste Hexenfrisur?

DRUDEL ERFINDEN

Das braucht ihr: Papier und Stifte, Einfühlungsvermögen, Fantasie

Ist es nicht seltsam, wie verändert die Welt aussieht, wenn man sie einmal aus einem ganz anderen Blickwinkel betrachtet? Beispielsweise erscheinen Menschen viel kleiner, wenn man von einem Hochhaus oder Turm auf sie hinabsieht.

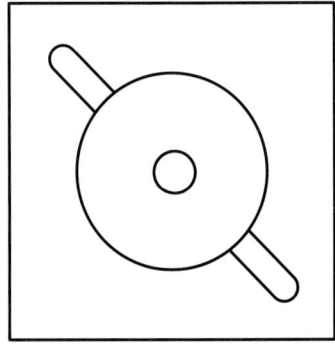

Diese Perspektive ist für die sogenannten Drudel von entscheidender Bedeutung. Vielleicht kennt ihr dieses schon: Ein großer Kreis mit einem kleinen Kreis in der Mitte und zwei Strichen vorn und hinten. Was ist das? Na klar: ein Mexikaner mit großem, runden Sombrero, den man von oben betrachtet. Aber was stellen die beiden kleinen Strichlein dar? Das ist das Fahrrad, auf dem der Mexikaner sitzt, ist doch klar!

Und was stellt die zweite Illustration dar? Ratet doch mal! Ihr wisst es nicht? Na gut, dann kommt hier die Lösung:

Das sind vier Elefanten, die mit ihren Rüsseln an einer Frucht schnuppern.

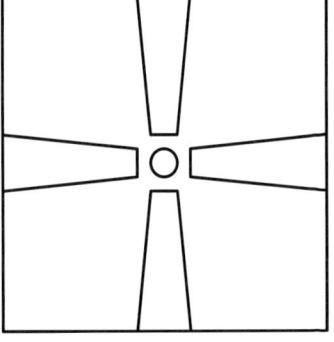

Jetzt versucht doch mal, euch selbst welche auszudenken, und lasst die andere raten. Bestimmt kommen lauter witzige Zeichnungen dabei heraus. Diese könnt ihr natürlich auch Freunden und Verwandten zeigen und sie erraten lassen, was da zu sehen ist.

Blumenkranz knüpfen

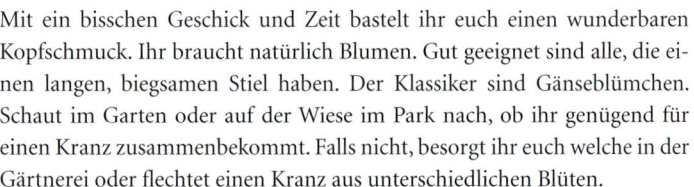

Das braucht ihr: Gänseblümchen, kleine Margeriten, Vergissmeinnicht, lange Grashalme, kleines Messer

Was wäre ein Sommer ohne Blumen? Womit kann sich ein kleines Mädchen schöner schmücken als mit einem Blumenkranz in frohen Farben? Wollt ihr auch einmal einen solchen traditionellen Kopfputz herstellen? Dann los!

Mit ein bisschen Geschick und Zeit bastelt ihr euch einen wunderbaren Kopfschmuck. Ihr braucht natürlich Blumen. Gut geeignet sind alle, die einen langen, biegsamen Stiel haben. Der Klassiker sind Gänseblümchen. Schaut im Garten oder auf der Wiese im Park nach, ob ihr genügend für einen Kranz zusammenbekommt. Falls nicht, besorgt ihr euch welche in der Gärtnerei oder flechtet einen Kranz aus unterschiedlichen Blüten.

Wenn ihr die Blumen von der Wiese pflückt, knipst ihr die Stiele möglichst weit unten ab. So lassen sie sich leichter zusammenbinden. Das geht z. B. mit einem Doppelknoten. Bei der etwas schickeren Variante ritzt ihr mit dem Daumennagel den Stängel der Blume so ein, dass ein schmaler Schlitz entsteht. Dort hindurch schiebt ihr die nächste Blume. Wiederholt das, bis die richtige Länge für den Kopfumfang erreicht ist.

Eine dritte Möglichkeit besteht darin, den Kranz richtig zu flechten. Dafür braucht ihr drei Gänseblümchen (oder drei Stränge mit mehreren Blümchen), die ihr wie beim Zopfflechten miteinander verschränkt. Damit ein  dichter Schmuck daraus wird, gebt ihr nach und nach weitere Stränge dazu. Ist die richtige Länge erreicht, verbindet ihr Anfang und Ende des Kranzes miteinander. Ihr könnt die Enden ineinander flechten oder mit einem langen Grashalm zusammenbinden. Aufsetzen, lächeln – ganz zauberhaft!

KARAOKE-ABEND

Das braucht ihr: Fernseher, Spielkonsole, DVDs, Mikrofone, Sänger und viel Spaß

Der Star geht auf die Bühne und wird vom Beifall des Publikums begeistert begrüßt. Wer träumt nicht davon, entdeckt zu werden, um dann als gefeierter Sänger weltberühmt zu sein? Spätestens seit Deutschland jedes Jahr einen Superstar sucht, ist das Karaoke-Singen eine beliebte Freizeitbeschäftigung geworden. Mit viel Vergnügen versucht jeder, seinen Vorbildern nachzueifern, um Applaus für den eigenen Gesang zu ernten. Wer wird der Star eurer nächsten Party?

Um diesen Mottoabend veranstalten zu können, braucht ihr eine Karaoke-Anlage mit Mikrofonen, die ihr euch preiswert in manchen Videotheken und öffentlichen Bibliotheken ausleihen könnt. Vielleicht besitzt auch euer DVD-Player eine Karaoke-Funktion. Die Auswahl der Musik-DVDs sollte sich nach dem Alter der Kinder richten. So gibt es für die Jüngeren Sammlungen mit den bekanntesten Kinderliedern – größere Kinder haben eher Interesse an aktueller Musik.

Sind eure Partygäste versammelt, kann es losgehen. Bestimmt einen oder mehrere Sänger und startet das Lied, das ihr singen wollt. Während nur die Musik zu hören ist, erscheint auf dem Bildschirm der Text, den ihr dann passend zur Melodie trällern sollt. Das macht sehr viel Spaß, denn oft klingt der Gesang ziemlich schräg, sodass ihr vor Lachen kaum weitersingen könnt. Noch lustiger wird es, wenn das Publikum als Chor einstimmt. Wer bekommt am meisten Applaus?

GRÜNES HAUPTQUARTIER

Das braucht ihr: etliche gerade stabile Äste, viel Laub, Baumrinde, mehrere Rollen Hanfschnur, kleine Säge, Astschere, Gräser, viele dünne Zweige, Filzstift

Sich einen Unterschlupf zu bauen, gehört zu den ursprünglichsten und elementarsten Bedürfnissen der Menschen. Kinder bauen gerne kleine Höhlen. Darin fühlen sie sich geborgen. Wie schnell wird da aus einem Karton ein Versteck, aus einer Decke über dem Tisch ein Haus. Ganz gleich, ob Zelt, Hütte oder Höhle: Kinder lieben diese Behausungen, weil sie nicht nur Schutz, sondern auch noch Spaß und Abenteuer versprechen. Das gilt erst recht, wenn sich der Unterschlupf im Freien befindet.

Baut gemeinsam ein Zelt aus Ästen in der Wildnis. Dieses kann sich im nahe gelegenen Wald befinden oder im großen heimischen Garten. Wichtig ist nur, dass ihr im Umkreis eures Zeltes genügend natürliche Baumaterialien findet. Ihr braucht vor allem Äste, Zweige, Blätter oder Gräser. Baut ihr euer Versteck im Wald, gilt folgende Regel: Es werden nur Äste, Zweige und Blätter benutzt, die bereits auf dem Boden liegen. An einem lebenden Baum zu sägen oder grüne Äste einfach abzureißen, ist tabu!

Sucht euch für das Gerüst mindestens drei lange, möglichst gerade Äste. Ist ein großer Baum in der Nähe, könnt ihr ihn als Stütze für euer Zelt benutzen. Zuerst bindet ihr die Stöcke am oberen Ende mit der Hanfschnur so fest, dass sie zusammenhalten, sich aber am unteren Ende auseinanderziehen lassen, damit eine Art Dreieck entsteht. Lehnt dieses Dreibein an den Baum und bindet es dort ebenfalls fest. Wickelt die Hanfschnur nun von oben nach unten mehrfach waagerecht um die Stangen, lasst aber eine Öffnung für den späteren Eingang übrig. Macht die Abstände nicht zu groß, damit sich die Blätter gut dazwischenklemmen lassen. Das ist nämlich der nächste Schritt. Bedeckt euer Gerüst mit vielen, vielen Blättern, bis kein Zwischenraum mehr zu sehen ist. Je mehr Blätter ihr verbaut, desto dichter ist das Zelt später auch bei Wind und Regen.

Eine andere Variante ist der Bau von Flechtwänden. Dazu bindet ihr vier Äste zu einem Rechteck zusammen. Spannt in diese Form senkrecht Schnüre. Nun lassen sich Gräser und dünne Zweige dazwischenflechten. Ist das Gewebe fast dicht, fügt ihr zusätzlich Blätter ein. So entsteht eine relativ stabile Wand. Aus mehreren dieser Elemente stellt ihr dann eure Behausung zusammen. Für ein Tipi reichen drei, für eine Hütte mit Dach benötigt ihr mehr Bauteile. Alle Einzelteile bindet ihr mit der Schnur an den Kanten zu einem festen Verbund zusammen. Wenn nötig, bringt ihr innen zusätzliche Querverstrebungen aus Ästen an. Das sorgt für mehr Stabilität.

Ist euer Bau fertig, feiert ihr ein zünftiges Einweihungsfest. Wollt ihr dazu noch jemanden einladen, schreibt ihr Uhrzeit und Ort auf ein großes Blatt oder ein Stück Rinde. Wenn ihr nur einen gezeichneten Lageplan als Einladung überreicht, ist es noch ein bisschen spannender. Welcher Gast findet euch zuerst?

STERNENKARTE BASTELN UND NACHTHIMMEL ERKUNDEN

Das braucht ihr: Computer mit Drucker, Internetanschluss, Papier, Karton, Klebstoff, Schere, Musterbeutelklammer, Isomatte, Taschenlampe, rote Transparentfolie, Haushaltsgummi

Was haben Bärenhüter, Wasserschlange, Füchschen, Bildhauer, Ofen, Fuhrmann und Giraffe gemeinsam? Richtig, es sind alles Sternbilder. In klaren Nächten sind sie am Himmel zu sehen, jedes zu seiner Jahreszeit. Die Sternbilder bestehen aus mehreren einzelnen Sternen, die man mit Linien verbinden könnte. Die meisten haben geheimnisvoll klingende Namen. Arktur, ein auffallend helles Exemplar im Bärenhüter, ist nur einer davon.

Einige Himmelsbilder kennt ihr vielleicht: den Großen Wagen oder den Orion. Wie aber heißen all die anderen? Wo und vor allem wann sind sie am besten zu sehen? Findet es heraus und bastelt euch eine Sternenkarte! Vorlagen dafür findet ihr reichlich im Internet. Gebt den Begriff „Sternenkarte basteln" in die Suchmaschine ein. Aus den Trefferseiten sucht ihr euch anschließend diejenige aus, die ihr am schönsten findet. Druckt sie aus. Eine Sternenkarte besteht aus zwei Teilen: dem Sternenfeld und der Horizontscheibe. Klebt beides, nachdem ihr es ausgeschnitten habt, auf einen etwas stärkeren Karton. So wird es stabiler. Mit einer Musterbeutelklammer fügt ihr die beiden Teile zusammen. Fertig ist die Sternenkarte! Auf ihr sind in der Regel alle mit dem bloßen Auge zu erkennenden Sterne und Bilder verzeichnet. Die beiden Pappscheiben lassen sich dann so gegeneinander verdrehen, dass ihr genau sehen könnt, was am jeweiligen Tag oder Monat am Himmel zu beobachten ist. Spannend, oder? Voraussetzung dafür ist allerdings, dass die Sicht klar und die Umgebung möglichst dunkel ist. Direkt neben einer Straßenlaterne werdet ihr deshalb kaum Erfolg haben. Seid ihr bereit für einen kleinen Ausflug?

Um den Nachthimmel gut zu sehen, sucht ihr euch einen Ort ohne Licht-quellen in der Nähe. Auf dem Land ist das meistens etwas leichter als mitten in der Stadt. Doch auch dort gibt es Orte, die weniger hell sind als andere. Zieht euch warm genug an, damit ihr eine Weile draußen bleiben könnt. Eure Augen werden sich nämlich erst nach einer ganzen Weile an die Dun-kelheit gewöhnen. Bis dahin habt ihr kaum Chancen, die weniger hellen Himmelskörper zu entdecken.

Nehmt eine Isomatte mit. So kriecht die Kälte nicht so schnell vom Boden hoch. Ihr könnt euch auch ganz bequem auf den Rücken legen, um die Ster-ne anzuschauen. Die gebastelte Karte muss natürlich ebenfalls mit ins Ge-päck. Jetzt braucht ihr nur noch eine Taschenlampe. Ohne sie lässt sich die Karte in der Finsternis nicht lesen. Damit sich eure Augen schneller vom Taschenlampenlicht auf die Helligkeit der Sternbilder umstellen können, präpariert ihr die Lampe vorher. Ein Stückchen rotes Transparentpapier reicht dafür aus. Einfach mit einem Haushaltsgummi vor das Licht klem-men, fertig. Dann kann es losgehen.

Wer entdeckt die meisten Himmelskörper und kann sie beim Namen nen-nen? Mit ein bisschen Glück seht ihr sogar eine Sternschnuppe und dürft euch etwas wünschen. Was wäre das?

ADLERAUGE UND SPÜRNASE

Das braucht ihr: Gegenstände zum Verstecken, wachsame Augen

Liebe Mama, wollen Sie Ihr Kind mal so richtig staunen sehen? Dann bereiten Sie ihm diese tolle Überraschung. Überreden Sie es zu einem Spaziergang durch den Wald, über Wiesen und Felder oder in der Stadt. Sie sollten diesen Weg vorher schon selbst gegangen sein und ein paar Kleinigkeiten an abgelegenen Plätzen versteckt haben, z. B. einen schönen Knopf hinter einem Mülleimer, einen Haargummi an einem Ast oder einen Ring aus dem Kaugummiautomaten in einer Mulde am Feldrand.

Sagen Sie Ihrem Kind, dass Sie beide auf Schatzsuche gehen und mal sehen, was sich so finden lässt. Natürlich dürfen Sie ihrer Tochter nicht verraten, dass Sie vorher schon Sachen versteckt haben, dann freut sie sich noch mehr, wenn sie tatsächlich etwas findet. Aber Sie dürfen Ihrer Tochter selbstverständlich beim Suchen „helfen" und vielleicht etwas entdecken, was sie übersehen hat.

Auch wenn Sie nichts versteckt haben, lassen sich manchmal tolle Sachen finden, die man gut gebrauchen kann! Auf der Parkbank hat jemand eine Zeitung liegen gelassen. Ein echter Glücksfall! Benutzt sie, um Pappmaschee zu machen. Alles lässt sich noch verwerten: leere Schachteln, praktische Stöcke, Plastiktüten. Auf jeden Fall mitnehmen!

HÄNSEL UND GRETEL

Das braucht ihr: bunte Steine, Papierschnipsel oder Sägespäne, kleine Süßigkeit

Das Märchen von Hänsel und Gretel kennt jedes Kind. Die beiden Geschwister verlaufen sich in dem unbekannten Wald, als ihre Wegmarkierung aus Brot von den Vögeln gefressen wird, und finden nicht mehr nach Hause. Dabei war die Idee mit der Kennzeichnung der Strecke so gut!

Greifen Sie diese Idee auf und machen Sie mit Ihrer Tochter einen Spaziergang durch den Wald. Suchen Sie eine Strecke aus, die Sie nicht allzu oft gemeinsam gehen, sonst findet Ihre Tochter auch ohne Steinchen den Weg zurück. Nehmt ein Säckchen mit bunten Steinen, Schnipseln oder Sägespänen mit. Die braucht ihr, um in regelmäßigen Abständen die Route zu markieren. Wählt die Entfernung zwischen den Markierungen so, dass ihr von einer Markierung aus immer gerade noch die letzte sehen könnt. Sind die Abstände zu kurz, ist das Spiel schnell langweilig, sind sie zu groß, müsst ihr zu lange suchen. Macht es euch nicht allzu schwer.

Macht euch nun auf den Weg. Geht kreuz und quer, mal links, mal rechts herum und versucht, eine möglichst verworrene Strecke zu nehmen. Lasst immer wieder Steinchen als Hinweise zurück. Sind sie aufgebraucht macht ihr euch auf den Rückweg. Lassen Sie Ihre Tochter den Weg anhand der Steine zurückverfolgen. Ist sie glücklich zu Hause angekommen, spendieren Sie eine kleine Süßigkeit als Belohnung. Es muss ja nicht gleich ein ganzes Pfefferkuchenhaus sein.

LAGER FÜR DIE MÄDCHENBANDE

Das braucht ihr: alte Ziegelsteine, Decken oder Jutesäcke, Laub, große Kiste für eure Schätze, Notizbuch, Stift, Feuerholz, Äste oder Bretter, Seil, Hammer und Nägel, Polsternadel, Schaufel, Eimer mit Sand, Teekessel, Becher

Zusammen mit den Freundinnen etwas zu unternehmen, macht immer Spaß. Sicher geht ihr gemeinsam ins Kino, Eisessen oder trefft euch zu Hause zum Quatschen. Für eine richtig eingeschworene Gemeinschaft, eine echte Mädchenbande, ist es aber noch viel toller, wenn sie einen festen Treffpunkt hat. Ein Bandenlager muss her! Mama als großes Mädchen darf ausnahmsweise mithelfen.

Das Lager sollte etwas versteckt im Wald oder in der hintersten Ecke des Gartens liegen. Schließlich darf nicht jeder gleich wissen, was ihr dort besprecht oder macht. Die Jungs schon mal gar nicht! Habt ihr einen passenden Ort gefunden, baut ihr das Lager auf. Dazu gehört natürlich in erster Linie ein Unterschlupf, damit ihr bei Regen nicht sofort nass werdet. Wenn auf eurem Gelände nicht schon ein altes Gartenhäuschen steht, das ihr benutzen könnt, baut ihr euch aus Ästen oder alten Brettern einen Unterstand oder eine Hütte. Eine Reihe zusammengenagelter Bretter ergibt im Handumdrehen ein Dach. Aus Ästen, Seil und Laub flechtet ihr mit vielen helfenden Händen flink die Wände oder gleich ein ganzes Tipi. Wie das geht, findet ihr auch hier im Buch beschrieben.

Ist der Bau fertig, richtet ihr ihn ein. Damit es richtig schön bequem wird, breitet ihr alte Decken zum Sitzen aus. Ihr könnt aber auch aus Jutesäcken

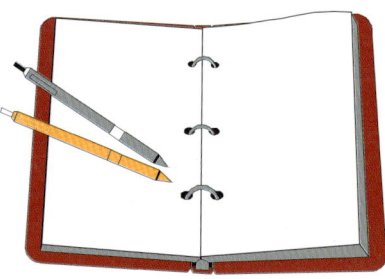

große Sitzkissen basteln. Dazu braucht ihr pro Kissen einen Sack und eine große Menge trockenes Laub. Das stopft ihr einfach in den Sack, bis er ordentlich prall ist. Zieht einen Faden aus dem Sack, mit dem ihr das offene Ende zunäht. Fertig ist der Sitzsack!

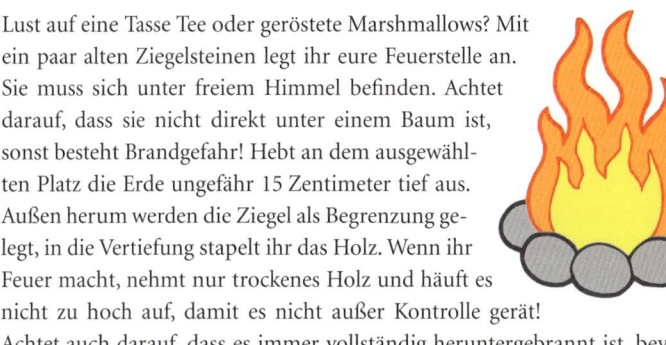

Lust auf eine Tasse Tee oder geröstete Marshmallows? Mit ein paar alten Ziegelsteinen legt ihr eure Feuerstelle an. Sie muss sich unter freiem Himmel befinden. Achtet darauf, dass sie nicht direkt unter einem Baum ist, sonst besteht Brandgefahr! Hebt an dem ausgewählten Platz die Erde ungefähr 15 Zentimeter tief aus. Außen herum werden die Ziegel als Begrenzung gelegt, in die Vertiefung stapelt ihr das Holz. Wenn ihr Feuer macht, nehmt nur trockenes Holz und häuft es nicht zu hoch auf, damit es nicht außer Kontrolle gerät! Achtet auch darauf, dass es immer vollständig heruntergebrannt ist, bevor ihr geht. Löscht es ansonsten mit einem Eimer Sand.

Vielleicht wollt ihr ein Bandenbuch anlegen. Dann besorgt ihr euch ein hübsches leeres Buch oder Heft, in das ihr eure Notizen schreibt. Was habt

ihr alles erlebt, welche Pläne für die Zukunft gibt es, wer hat alles an den Treffen teilgenommen? Für alle Dinge, die ihr nicht jedes Mal wieder mit nach Hause nehmen möchtet, besorgt ihr euch eine stabile, möglichst regendichte Kiste. Dort hinein könnt ihr das Bandenbuch oder eure Teebecher legen. Gut verschließen und verstecken, damit der Schatz nicht in falsche Hände gerät! Kann sein, dass die Jungs nur darauf warten, euch auszuspionieren. Aber da haben sie sich geschnitten, dank eurer Mädchen-Power!

BLINDENSPAZIERGANG

Das braucht ihr: Tuch oder Schal zum Verbinden der Augen

Wie ist es, wenn man nichts mehr sehen kann? Wie fühlt sich dann Zeit oder Entfernung an? Schärfen sich die anderen Sinne tatsächlich?

Ein Blindenspaziergang kann eine schöne Unterbrechung inmitten eines betriebsamen Tages darstellen. Das Tempo verlangsamt sich, die Sinne werden wach, die Spannung steigt. Die meisten Kinder finden es aufregend, plötzlich nicht mehr genau zu wissen, wie ihre Umgebung aussieht oder wo sie sich genau befinden. Es ist ein bisschen wie Topfschlagen, ohne dass jemand ruft und Hinweise gibt. Vielleicht ist es sogar ein wenig unheimlich. Aber nur ein bisschen, denn Mama ist ja da und führt mit sicherer Hand.

Verbinden Sie Ihrer Tochter die Augen, sodass sie nichts mehr sehen kann. Nehmen Sie sie an die Hand und leiten Sie sie langsam durch den Garten, den Wald, über die Wiese oder am Strand entlang. Lassen Sie sich Zeit. Führen Sie Ihre Tochter an duftende Pflanzen heran, sodass sie schnuppern kann. Reichen Sie ihr Muscheln, Steine, Äste oder Blätter. Sie können auch zu einem Baum gehen und sie die Rinde ertasten lassen. Im Sommer können Sie den Spaziergang barfuß machen und mit den Füßen die unterschiedliche Bodenbeschaffenheit spüren. Bleiben Sie möglichst still und reden Sie nicht. Lenken Sie die Aufmerksamkeit auf das Gehör. Wo klopft der Specht? Gehen Sie gemeinsam näher heran, sodass sich das Geräusch verstärkt, folgen Sie dem Gurgeln des Baches, lauschen Sie dem Wind in den Blättern.

Spazieren Sie ungefähr 15 Minuten. Dann wird die Augenbinde abgenommen, und die „Blinde" kann erzählen, was sie erlebt hat. Anschließend werden die Rollen getauscht.

NACHTWANDERUNG MIT FACKELN

Das braucht ihr: festes Schuhwerk, warme Kleidung, Gartenhandschuh, Fackeln, Streichhölzer, Taschenlampen, Thermoskanne mit Tee oder Kakao, kleine Stärkung, z. B. Würstchen, Rucksack

Nachts wird normalerweise geschlafen und nicht gewandert. Deshalb ist es auch besonders aufregend und spannend, wenn ihr es trotzdem macht! Eigentlich finden die meisten Nachtwanderungen sowieso eher am Abend statt, Hauptsache, es ist bereits dunkel. Schließlich soll es auch ein wenig gruselig sein.

Zieht euch warm genug an. Wichtig sind feste Schuhe, denn im Finsteren läuft es sich etwas unsicherer, und ihr werdet nicht immer erkennen können, wohin ihr tretet. Schnappt euch die Fackeln, packt euren Proviant und sicherheitshalber auch die Taschenlampen in einen Rucksack, und schon kann es losgehen!

Gibt es Lieblingsstrecken im Wald oder über Felder, die ihr auch sonst nutzt? Falls ja, wählt bei der Nachtwanderung diesen Weg. Ihr werdet erstaunt sein, wie sich die Welt verändert, wenn die Sonne untergegangen ist. Was bei Tageslicht ganz harmlos aussieht, ist bei Nacht geheimnisvoll und vielleicht ein bisschen unheimlich.

Seid ihr am Startpunkt eures Marsches, zündet ihr die Fackeln an. Es kann vorkommen, dass heißes Wachs heruntertropft. Zieht deshalb einen Handschuh an. Achtet darauf, dass ihr den Flammen nicht zu nahe kommt, haltet die Fackeln von der Kleidung oder anderen entzündbaren Gegenständen fern!

In der Mitte der Wanderung könnt ihr eine Rast einlegen und im Dunkeln picknicken. Wie gut der heiße Kakao und die Würstchen schmecken! Wieder zu Hause, könnt ihr Teddy und Co. in eurem Bett von euren aufregenden Abenteuern berichten, bevor euch die Augen vor Müdigkeit zufallen.

WALDSPIELPLATZ

Das braucht ihr: *dicke und dünne Baumstämme, Äste und Zweige, Seile, Holzscheiben, Holzschnitzel, Moos, Blätter, Zapfen, Tannennadeln, Steine, Jutesäcke, Sägen, Hammer, Nägel und Schrauben, viele starke Hände*

Kinder sind gerne draußen. Spielerisch entdecken sie die Natur, toben, messen ihre Kräfte, üben Geschicklichkeit und lernen nebenbei so einiges. Beispielsweise, wie das Eichhörnchen am Schall erkennt, ob sich ein Marder nähert. Ein ganz besonders guter Ort zum Lernen ist ein Waldspielplatz. Weil ihr diese aber nicht ganz allein bauen könnt, braucht ihr viele Hände, die mit anpacken. Fragt die Mütter und Väter der anderen Kinder in der Kita oder der Schule und vor allen Dingen den Förster oder Pächter des Waldes. Denn Letztgenannter entscheidet, ob und wo ihr einen solchen Platz anlegen dürft. Wenn er einverstanden ist, hilft er sicher auch mit seinen Waldarbeitern, ein paar besonders schwere Stämme an Ort und Stelle zu schaffen.

Macht euch einen Plan, welche Geräte, Anlagen und Experimentierstationen ihr bauen wollt. Wählt dazu möglichst natürliche Materialien und Dinge, die im Wald sowieso vorkommen. Das ist nachhaltiger und gesünder für euch, die Tiere und den Wald. Steht die Liste mit allem, was errichtet werden soll, liegt es auf der Hand, welche Baumaterialien ihr braucht. Verfügt ihr dann noch über die Genehmigung, trommelt ihr alle großen und kleinen Helfer zusammen und legt mit vereinten Kräften los. Hier sind einige tolle einfache Ideen, was man bauen könnte. Welche weiteren habt ihr?

Eine Wippe baut ihr ruck, zuck, indem ihr zwei dicke Baumstämme quer übereinanderlegt. Braucht ihr Griffe zum Festhalten? Dann wickelt ein dickes Seil um den Stamm, in das ihr eine Schlaufe bindet.

Für eine Schaukel reicht ein Seil, das zwischen zwei Bäumen befestigt wird. Eine stabilere und etwas bequemere Variante erreicht ihr mit breiten Spanngurten. Dort, wo sie im Baum befestigt werden, schützt ihr die Rinde mit Jutesäcken vor Abschürfungen. Zwei übereinandergespannte Seile eignen sich zum Balancieren für kleine Artisten.

Ein waagerecht aufgebockter Baumstamm ergibt ein prima Waldtelefon. Kratzt oder klopft jemand an dem einen Ende, kann es die Person am anderen Ende deutlich hören. Dieser Effekt hilft übrigens auch dem Eichhörnchen. Weil sich der Schall im Holzstamm so gut überträgt, entwischt es dem Marder so oft. Ganz schön schlau!

Zwischen zwei Bäumen knüpft ihr aus Seilen eine Art Spinnennetz, an dem ihr später klettern könnt. Das Netz könnt ihr aber auch waagerecht (ungefähr in Kniehöhe) zwischen den Bäumen spannen. Wer schafft es hindurchzusteigen, ohne die Seile zu berühren?

Um einen Barfußpfad anzulegen, sucht ihr verschiedene interessante Materialien zusammen. Auf zwei Meter mit Tannennadeln folgt eine Strecke mit Holzschnitzeln, danach kommen Moos, Zapfen, Blätter und kleine Steine als Bodenbelag. Wie fühlt es sich an, darüberzugehen?

Aus stabilen Ästen baut ihr ein senkrecht aufragendes Gestell. Daran hängt ihr unterschiedlich lange und dicke Äste oder Stämme auf. Sie sollen frei schwingen. Mit einem weiteren Holz schlagt ihr sie an und macht Waldmusik. Unterschiedlich große Baumscheiben laden zum Stapeln und Konstruieren ein. Wunderbare gigantische Bauklötze!

Ist der Waldspielplatz fertig, feiert ihr mit allen Helfern ein Einweihungsfest mit Räubergesang und Blätterschmuck. Feiert und spielt schön!

WALDQUIZ

Das braucht ihr: Blätter und Früchte von unterschiedlichen Bäumen, Wildkräuter und Pflanzen, Abbildungen von Tierspuren, Bestimmungsbuch, Aufgabenzettel, Stifte

Im Wald gibt es immer viel zu entdecken. Die unterschiedlichsten Bäume wachsen dort und sind Lebensraum für viele Tiere. Es gibt Pilze, Beeren, Farne und eine Menge anderer Pflanzen. Wisst ihr, wie die Tiere und Pflanzen heißen, die im Wald zu Hause sind? Testet gegenseitig euer Wissen! Das geht am einfachsten während eines gemeinsamen Spaziergangs. Sammelt Blätter, Zapfen und Baumfrüchte. Welches Blatt und welche Frucht stammen vom selben Baum und wie lautet ihr Name? Wisst ihr es? Falls nicht, nehmt eure Sammlung mit nach Hause und schaut in einem Bestimmungsbuch nach. Dort findet ihr die richtige Antwort. Ihr könnt das schlaue Buch natürlich auch gleich mitnehmen, um vor Ort nachzuschlagen. Lebende Blüten, Sträucher & Co. einfach so auszureißen, ist nämlich nicht schön.

Um gemeinsam mit anderen Kindern ein Waldquiz zu machen, überlegt ihr euch im Vorfeld Fragen und Aufgaben, die beantwortet und erledigt werden müssen. Schreibt sie auf ein Blatt Papier und macht für jedes Kind eine Kopie. Dann kann es losgehen. In Gruppen oder auch allein sucht ihr nach Lösungen und Gegenständen. Wer nach einer vorher festgelegten Zeit die meisten Fragen richtig beantwortet hat, ist der große Waldmeister und bekommt zur Belohnung grüne Brause.

Mögliche Aufgaben sind:
Finde vier weiche/stachelige/runde Dinge und benenne sie!
Besorge jeweils ein Blatt von vier verschiedenen Bäumen!
Finde eine Tierspur!
Bring ein Stückchen Rinde mit! Von welchem Baum stammt es?

Quizfragen denkt ihr euch ebenfalls vorher aus. Gebt am besten mögliche Antworten vor, von denen natürlich nur eine richtig ist.

1. Wie heißt der Hüter des Waldes?
Ranger, Polizist, Förster oder Schaffner?

2. Welche ist die häufigste Waldbrandursache?
Blitzschlag, Brandstiftung, Vulkanausbruch oder heiße Luft?

3. Was kann man an den Jahresringen einer Baumscheibe ablesen?
Höhe, Umfang, Dicke oder Alter?

4. „Auf dem Holzweg sein" meint …?
Gut drauf sein, schlecht drauf sein, vollkommen danebenliegen
oder recht haben?

5. Darf man seinen Müll in den Wald werfen?
Ja, der Förster räumt alles weg. Ja, der Müll verrottet irgendwann.
Nein, auf gar keinen Fall. Oder: Ja, das tun doch alle?

6. Wie nennt man das Nest der Eichhörnchen?
Hobel, Nobel, Kobel oder Knobel?

7. Wie nennt der Jäger die Ohren des Feldhasen?
Löffel, Gabel, Messer oder Teller?

8. Wie heißen die Jungtiere der Wildschweine?
Ferkel, Frischlinge, Schweinchen oder Welpen?

9. Wie verständigen sich Ameisen untereinander?
Durch eine Geheimsprache, durch Fühlerbewegungen, durch
Duftstoffe oder gar nicht?

10. Was speichert das Moos im Wald?
Wärme, Kälte, Wasser oder Luft?

11. Welcher Baum hat eine weiße Rinde?
Esche, Birke, Fichte oder Eiche?

12. Welcher Baum verliert im Winter seine Nadeln?
Fichte, Kiefer, Lärche oder Tanne?

GEOCACHING

Das braucht ihr: Computer mit Internetzugang, GPS-Gerät oder GPS-fähiges Handy, kleinen Gegenstand zum Tauschen, Stift, festes Schuhwerk

Bewegung an der frischen Luft tut ja so gut! Das sagen alle Erwachsenen. Schade nur, dass den meisten Kindern ein einfacher Spaziergang oft viel zu langweilig ist. Eine Schnitzeljagd lockt da schon eher. Wenn nur nicht die viele Vorbereitung wäre! Diese spart ihr euch, wenn ihr auf moderne Schatzsuche geht; das heißt dann Geocaching.

Ein Cache ist ein verborgener Schatz. Er wurde versteckt, damit andere ihn suchen und finden können. Zusammen mit dem Schatz ist ein Logbuch versteckt. Dort kann sich jeder mit Datum und Namen eintragen, der ihn findet. Wo das ist, verraten die geografischen Koordinaten, die im Internet stehen. Auf den Seiten von geocaching.com oder opencaching.de können Sie, liebe Mama, sich anmelden und nachlesen, welche Caches in eurer Nähe zu finden sind. Es gibt unterschiedlich lange Touren und alle Arten von Schwierigkeitsstufen. Für den Anfang könnt ihr ja mit einer leichten Suche beginnen und euch nach und nach steigern.

Auf den Internetseiten findet ihr meistens zusätzlich Hinweise oder Fotos, die die Suche erleichtern. Habt ihr euch entschieden, ladet ihr die Daten auf das GPS-Gerät oder ein Handy, das GPS-fähig ist. Je nach angedachtem Laufpensum fahrt ihr in die Nähe des Versteckes und macht euch dann auf den Weg oder lauft gleich von zu Hause aus los.

Manchmal befindet sich der Schatz in der Nähe eines Weges. Es kann aber auch sein, dass ihr querfeldein laufen müsst. Feste Schuhe sind deshalb immer günstig. Habt ihr den Ort mit den angegebenen Koordinaten erreicht, seht euch aufmerksam um. Irgendwo im Umkreis muss das Versteck liegen. Nur wo? Manchmal hilft ein Blick nach oben, ein anderes Mal müsst ihr ein wenig buddeln. Auch Löcher in alten Bäumen, unter Wurzeln oder Mauern bilden beliebte Verstecke. Große Schätze sind dabei in aller Regel leichter zu finden als sogenannte Microcaches. Ihr Inhalt passt in eine Filmdose. Habt ihr den Schatz gefunden? Was wohl darin ist? Das ist die Überraschung! Auf jeden Fall aber das Logbuch. Vergesst nicht, euch dort einzutragen!

Wenn ihr wollt, könnt ihr einen Gegenstand aus dem Cache austauschen. Nehmt z. B. einen Ring mit und packt dafür eine Murmel in das Kästchen. Dann versteckt ihr es wieder an Ort und Stelle, damit es der Nächste finden kann.

Ein paar Regeln gibt es zu beachten:

1. Erzählt niemandem vom Ort des Schatzes.

2. Hinterlasst immer alles so, wie ihr es vorgefunden habt.

3. Kinder gehen niemals ohne die Begleitung von Erwachsenen los.

4. Es wird nichts angefasst, was man nicht kennt.

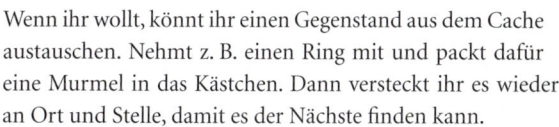

Wenn ihr Spaß an der Sache habt, versteckt ihr sicher bald selbst einen Schatz. Gebt die Koordinaten ein und seid gespannt, wer ihn alles findet. Was die wohl für ein Gesicht machen?

ÜBERNACHTUNG AM STRAND MIT LAGERFEUER

Das braucht ihr: Isomatte, Schlafsack, Feuerholz, Messer, Streichhölzer, Essen und Getränke, Taschenlampe

Unter dem Sternenhimmel zu schlafen, ist ein ganz besonderes Erlebnis. Sich einmal wie Ronja Räubertochter oder Huckleberry Finn zu fühlen, kostet nichts, beschert Ihnen und Ihrer Tochter aber eine unvergessliche Nacht. Besonders schön ist das Übernachten am Strand. Das Rauschen oder Glucksen der Wellen begleitet die Schläferinnen sanft durch die Träume bis zum ersten Möwenschrei, wenn die Sonne aufgeht. Herrlich!

Vor dem Schlafen gibt es aber noch ein anderes Abenteuer zu bestehen: Feuer machen. Sammelt bei Tageslicht trockenes Holz für ein fröhlich loderndes Lagerfeuer. Gut, wenn Bäume in der Nähe ein paar ihrer Äste abgeworfen haben, denn Schwemmholz ist meistens zu nass und brennt nicht gut. Bevor ihr euch allerdings die Mühe macht, Äste heranzuschleppen, solltet ihr euch erkundigen, ob ihr an eurem Lagerplatz überhaupt Feuer machen dürft. Das ist nämlich nicht überall erlaubt, genauso wie das Übernachten am Strand selbst.

Habt ihr genügend Holz gesammelt, schabt ihr kleine Späne ab, die ihr als Anzünder benutzt. Auch Reisig, also kleine Ästchen, könnt ihr dafür prima benutzen. Ist das Holz trocken genug und gut geschichtet, erhellen bald muntere Flammen euer Lager. Zeit, um z. B. Würstchen zu grillen oder Stockbrot zu rösten! Wenn das

Feuer ganz heruntergebrannt ist, mummelt ihr euch in die Schlafsäcke. Erzählt euch Geschichten und blickt in die Sterne, bis euch die Augen zufallen. Schlaft schön!

HIMMEL UND HÖLLE

Das braucht ihr: Straßenkreide, kleinen Stein

Hüpfspiele lassen sich überall spielen: auf dem Schulhof, der Terrasse oder dem Autobahnrastplatz auf dem Weg in den Urlaub. Sie sind schnell erklärt und es braucht fast kein Zubehör. Alles, was ihr benötigt, sind eine ebene Fläche, ein kleiner Stein und ein Stück Straßenkreide. Spielt ihr nicht auf Asphalt, sondern auf Rasen, lässt sich das Spielfeld auch mit etwas Schnur oder weiteren Steinen markieren.

Für Himmel und Hölle malt ihr zehn Kästchen auf den Boden. In ihnen sollen die Zahlen von eins bis zehn stehen, wie in der Illustration. Wenn euch das zu viele Kästchen sind, könnt ihr natürlich auch nur sieben oder acht zeichnen.

In der ersten Runde wirft man den Stein in das Feld mit der Zahl Eins. Dann versucht die Erste, in der Reihenfolge der Zahlen alle Felder auf einem Bein durchzuhüpfen. Das Feld mit dem Stein wird dabei ausgelassen, denn das ist die „Hölle". Die Felder, die direkt nebeneinander sind, dürfen auch mit gegrätschten Beinen gleichzeitig besprungen werden. Auf der Zehn darf man kurz ausruhen und auch das zweite Bein abstellen. Von dort geht es rückwärts zurück bis zur Zwei. Auf dem Rückweg müsst ihr den Stein auf einem Bein stehend aufheben, ohne umzufallen oder das Feld zu betreten.

In der nächsten Runde muss der Stein in das nächsthöhere Feld geworfen werden. Jetzt wird dieses Feld übersprungen und weiter geht es bis zum „Himmel" und zurück. Wer als Erste in den Himmel getroffen hat und fehlerfrei gehüpft ist, hat gewonnen!

Wer das Feld nicht trifft, auf eine Linie hüpft oder das zweite Bein unerlaubterweise zu Hilfe nimmt, muss aufhören und darf erst wieder hüpfen, wenn der andere Spieler einen Fehler gemacht hat.

STAUDAMM FÜR BIBERKINDER

Das braucht ihr: Äste und Zweige, Steine, Blätter, Schlamm, bei Bedarf Gummistiefel

An Bächen, Flussläufen und Tümpeln lässt es sich herrlich spielen. Wasser übt eine unwiderstehliche Anziehungskraft auf Kinder aus. Aus gutem

Grund – wo kann man sonst so abwechslungsreiche Dinge tun und aufregende Experimente machen? Schiffchen fahren lassen und kleine Lebewesen beobachten, sind dabei nur zwei Möglichkeiten.

Wenn es bei euch einen kleinen Bach oder Fluss in der Nähe gibt, dann unternehmt doch mal eine Biber-Tour! Je nach Jahreszeit und Wetterlage braucht ihr dafür nur zwei Paar Gummistiefel, damit die Füße trocken bleiben. Im Sommer geht es natürlich auch ohne. Dann erledigt ihr das Fußbad gleich mit.

Wählt eine schmale Stelle, an die ihr gut herankommt. Um einen Staudamm zu bauen, sucht ihr euch anschließend ausreichend Baumaterial zusammen. Im Wald ist das schnell erledigt. Äste und Zweige liegen dort immer in ausreichender Menge herum. Schleppt alles zum Bach. Steine, die ihr aus dem Bächlein herausholt, eignen sich hervorragend für eine erste Sperre. Zusammen mit dem ineinander verkeilten Holz wird daraus schnell eine richtige kleine Mauer. Mit Schlamm und alten Blättern könnt ihr euer Bauwerk zusätzlich verfestigen. Fließt das Wasser noch? Wenn nicht, habt ihr euch den Titel „Ehrenbiber" verdient. Wie schnell steigt das Wasser hinter eurem Damm, wie lange hält er? Nach einer Weile bohrt ihr ein kleines Loch in die Absperrung und schaut zu, wie rasch sie sich in Einzelteile auflöst. Wenn nicht, dürft ihr den ganzen Staudamm wieder kaputt machen und die entstehende Sturzflut bewundern.

REHKITZ, KÜKEN UND CO.

Das braucht ihr: Wald oder Garten, scharfe Augen, Papier, Stifte, Fernglas, Fotoapparat

Frisch geschlüpfte Vögel, Frischlinge und Rehkitze sind ja sooo niedlich! Der Tochter geht es mit Tierkindern ähnlich wie der Mama mit ihrem Nachwuchs. Am liebsten will man die Kleinen die ganze Zeit drücken und küssen. Lässt sich die Tochter das gerade noch gefallen, so ist es bei wilden Tieren ganz unangebracht. Weil aber schauen nicht verboten ist, können Sie das, liebe Mama, mit Ihrer Tochter voll und ganz auskosten.

Zuerst einmal müsst ihr euch in eurer Umgebung, auf Wiesen, Feldern und im Wald genau umschauen. Es gibt spezielle Plätze, die sich jede Tierart aussucht, um ihre Babys zu bekommen. Vielleicht habt ihr bei euren Spaziergängen schon Nester und Bauten entdeckt, die Wildtierfamilien als Zuhause dienen. Das können Fuchsbauten sein, Eichhörnchenkobel, Vogelnester und all die Unterschlüpfe, die sich Igel, Maus und Co. rund um Haus und Garten suchen.

Zeichnet gemeinsam eine Karte, wo welche Tierfamilie wohnt, damit ihr das nicht vergesst. Dann müsst ihr die richtige Jahreszeit abpassen. Die meisten Tierbabys gibt es im Frühling, Katzen werfen aber z. B. mehrmals im Jahr. Da die Tiermütter gut auf ihre Kleinen aufpassen, ist es nicht immer leicht, das Versteck der Jungen zu finden. Legen Sie sich also auf die Lauer und beobachten Sie das Muttertier aus angemessener Entfernung. Hierbei ist ein Fernglas sehr hilfreich.

Wie zwei richtige Naturdokumentarfilmer müsst ihr ganz viel Geduld haben. Aber wenn dann ein Tierbaby seine neugierige Nase aus dem Versteck streckt, ist das Entzücken umso größer.

UNSICHTBARE TINTE

Das braucht ihr: *Papier, Füller, Pinsel, Feder oder Zahnstocher, Bügeleisen, Toaster oder Backofen, Zwiebeln, Zitronen, Essig oder Milch, Entsafter, Kaffeefilter, Schälchen oder leere Tintenpatrone, Trichter oder Pipette*

Botschaften mit unsichtbarer Tinte zu schreiben ist aufregend, vor allem für Kinder. So können sie ihrer besten Freundin eine Nachricht schicken, die ihre nervigen Geschwister nicht lesen können. Zum Spicken in der Schule taugt die Tinte allerdings nicht, da man das Blatt schließlich schlecht bügeln kann, wenn man nicht mehr weiterweiß. Wieso bügeln? Ihr werdet schon sehen!

Um eine geheime Botschaft zu schreiben, könnt ihr unterschiedliche Flüssigkeiten verwenden. Zwiebel- oder Zitronensaft, aber auch Milch und Essig sind dafür gut geeignet. Um Zwiebelsaft herzustellen, müsst ihr die Zwiebel schälen und sie dann entsaften. Das geht am einfachsten in einem Entsafter. Vorsicht: Tränenalarm! Den Zwiebelsaft gießt ihr anschließend zum Reinigen noch durch einen Kaffeefilter. Auch die Zitrone muss ausgepresst werden. Milch und Essig könnt ihr dagegen einfach so benutzen, wie sie aus der Tüte oder Flasche kommen.

Als Nächstes muss die Flüssigkeit, für die ihr euch entschieden habt, auf das Papier gebracht werden. Das könnt ihr mit einem Pinsel oder einer Feder tun. Schreiben lässt sich auch mit einem Zahnstocher oder mit einem sauberen Füller. Die alte Tinte muss dazu allerdings vollständig ausgewaschen werden, sonst ist eure Botschaft nachher doch für jeden lesbar. Wascht auch die leere Tintenpatrone sorgfältig aus, in die ihr dann mit einem kleinen Trichter oder einer Pipette die Schreibflüssigkeit füllt. Die Patrone mit unsichtbarer Tinte steckt ihr wieder zurück in den Füller. Probiert aus, womit ihr am leichtesten schreiben könnt.

Schreibt eure Nachricht nun auf das leere Blatt Papier. Drückt aber nicht zu fest auf, sonst kann die Botschaft anhand der Prägung entziffert werden. Spätestens, wenn die Buchstaben trocken sind, ist auf dem Papier kein Text mehr zu erkennen. Die Freundin, die den Brief bekommt, kann auf den ersten Blick nichts lesen. Besser, sie weiß, dass es sich um eine Geheimbotschaft handelt, sonst wirft sie den leeren Zettel womöglich einfach weg. Und das wäre doch schade.

Außerdem muss der Empfänger natürlich wissen, wie eure Zeilen wieder lesbar werden. Dazu muss der Brief vorsichtig erhitzt werden. Das kann über einem angeschalteten Toaster geschehen oder im Backofen (200 Grad Celsius, ungefähr fünf Minuten). Seid hierbei aber besonders vorsichtig! Mama bleibt am besten in der Nähe und passt auf, dass ihr euch oder das Papier nicht verbrennt. Eine weitere Möglichkeit besteht darin, den Brief zu bügeln. Auch hier sollte die Mama dabei sein.

Ist das Papier ausreichend warm, erscheint der Text in bräunlicher Farbe darauf. Wie von Geisterhand tauchen die Worte auf. Jetzt lässt sich die Nachricht lesen. Wie sie wohl lautet?

NEUES AUS WOLKENKUCKUCKSHEIM

Das braucht ihr: Kiste oder Beutel mit verschiedenen Gegenständen, Fantasie

Geschichten lassen sich zu jeder Tages- und Jahreszeit an jedem denkbaren Ort erfinden. Alle Menschen der Welt erzählen sich seit Anbeginn der Zeit Geschichten. Was ihr dazu benötigt, habt ihr in eurem Kopf immer bei euch. Das ist sehr praktisch, wenn ihr gerade mit dem Auto im Stau steht oder euch im Wartezimmer beim Arzt langweilt. Erfindet zusammen Geschichten; das geht natürlich auch mit der besten Freundin oder der Oma. Macht daraus ein Spiel für den nächsten Kindergeburtstag oder Spaziergang. Alles ist möglich.

Eine Spielvariante ist das Geschichtenerfinden zu Gegenständen. Dazu sammelt ihr eine vorher festgelegte Anzahl an Dingen. Für eine kurze Geschichte reichen fünf Teile, für eine längere nehmt ihr mindestens zehn. Alle Sachen legt ihr in eine Kiste oder einen Beutel. Nun zieht jede Spielteilnehmerin abwechselnd ein Stück heraus. Ob ihr das blind macht oder euch ein ganz bestimmtes Teil aussuchen dürft, legt ihr vorher zusammen fest. Den gezogenen Gegenstand baut ihr dann in eure Geschichte ein. Welche Rolle spielt er dort? Was passiert mit ihm, wer benutzt ihn? Lasst euch überraschen, welche Wendung eure Erzählung z. B. durch die Wäscheklammer oder die elektrische Zahnbürste nimmt. Spinnt eure Geschichte nach dem Auftauchen des Objektes noch ein bisschen weiter aus. Dann ist die Nächste dran und zieht einen neuen Gegenstand. Diejenige, die das letzte Teil nimmt, schließt die Story auch ab. Wie geht sie wohl aus?

Variante: Legt vorher einen Geschichtentyp fest, z. B. Fantasy, Krimi, Romanze oder Science-Fiction.

DUFTMEMO

*Das braucht
ihr: Zapfen, Moos,
frisch gemähtes Gras, duftende
Kräuter und Gewürze, Rinde, Pilze,
Baumharz, Waldboden, Beeren, Blätter, Tuch
oder Schal zum Verbinden der Augen, Körbchen,
Schälchen oder Döschen, Transparentfolie*

In der Natur gibt es eine Menge duftender Pflanzen. Nicht
nur Blumen haben ihren ganz individuellen duftenden Fingerabdruck, sondern auch Blätter und Erde. Alles, an dem man bei einem Spaziergang im
Grünen vorbeikommt, hat einen wiedererkennbaren Duft. Aber könntet ihr
ihn später zu Hause noch richtig zuordnen? Wagt einen Versuch!

Um möglichst viele Gerüche zu sammeln, bietet sich ein Ausflug in den Wald
an. Ihr geht am besten immer der Nase nach. Wo kitzelt etwas euren Ge-
ruchssinn, wo riecht es besonders gut, an welchen Stellen erschnuppert ihr
völlig Unbekanntes? Schnüffelt nicht nur in Nasenhöhe, sondern geht in die
Hocke oder macht es wie die Hunde, die immer am Boden entlang wittern.
Manchen Dingen müsst ihr den Duft erst entlocken. Himbeerblätter riechen
z. B. besonders intensiv, wenn ihr sie leicht zwischen den Fingern verreibt.
Sammelt eure aromatischen Naturgegenstände in einem Körbchen oder direkt in mitgebrachte Dosen. Denkt daran: Für das Duft-Memory®, das ihr
später zu Hause veranstaltet, braucht ihr immer zwei identische Gerüche.

Wieder daheim angekommen, kann das Spiel beginnen. Füllt die Pflanzen
bei Bedarf in Schälchen um. Da manche Gerüche sehr flüchtig sind, deckt
ihr sie zusätzlich mit einem Stück Folie
ab. Jetzt bekommt eine von euch
die Augen verbunden und soll
raten, welche zwei Gerüche
gleich sind. Wer am Schluss
die meisten Paare richtig er-
kannt hat, gewinnt die goldene
Schnüffelnase.

MEISTERDIEBIN

Das braucht ihr: Angelschnur, Glöckchen, Kartoffel-chips, Süßigkeit, enge Kleidung

Mögt ihr auch so gerne Filme, in denen ausgefuchste Ganoven in Hochsi-cherheitstrakte, Banken und Museen einbrechen? Ausgerüstet mit den mo-dernsten technischen Gerätschaften lassen sie sich lautlos an Seilzügen von der Decke herunter, turnen geschickt durch Lichtschranken und holen sich die wertvolle Beute, um hinterher genauso leise zu verschwinden, wie sie gekommen sind. Wollt ihr testen, ob ihr zur Gangsterbraut taugt?

Zuallererst braucht ihr begehrenswerte Beute, z. B. in Goldpapier eingepackte Schokolade oder ein Armband aus Zuckerperlen. Die deponiert ihr zentral auf ei-nem Hocker in einem eurer Zimmer. Jetzt geht es daran, die Kostbarkeit mit einer selbst gebauten, hochkomplexen Alarmanlage zu sichern. Spannt die Angelschnur kreuz und quer durch das Zim-mer, dass man sich darin notgedrungen wie in einem Spinnennetz verfangen muss. An die Schnur hängt ihr kleine Glöckchen, die sofort bim-meln, wenn jemand daran stößt. Rund um den Ho-cker verteilt ihr Kartoffelchips. Die knuspern laut, falls ihr drauftretet.

Jetzt geht es ans Einbrechen: Ihr könnt entweder als Team arbeiten und euch helfen, durch die „Lichtschranken" zu kommen, oder eine von euch spielt den Wächter, der außerhalb des Zimmers auf einem Stuhl fast einschläft, aber dennoch auf verräterische Geräusche achtet. Die Einbrecherin trägt enge dunkle Kleidung und muss sich leise und vorsichtig an die Beute heranpirschen. Natürlich darf sie keinen Alarm auslösen. Gar nicht so leicht! Verrät sich die Einbreche-rin, darf die andere probieren, die begehrte Beute laut-los zu erreichen.

Na, wer von euch darf sich Meisterdiebin nennen?

Limbo tanzen

Das braucht ihr: Seil oder Stab, Sprossenleiter oder Rankgitter, CD-Player, CDs mit karibischer Musik

Bei diesem ursprünglich westindischen Tanz geht es darum, sich mit nach hinten gebeugtem Rücken unter einer waagerechten Stange hindurchzuschlängeln. Sie darf nicht berührt werden. Das ist am Anfang noch einfach, weil die Stange relativ hoch liegt. Doch von Runde zu Runde wird sie tiefer befestigt. Wer schafft die meisten Durchgänge, ohne das Hindernis zu berühren? Überall auf der Welt wird inzwischen Limbo getanzt: auf Straßenfesten ebenso wie auf privaten Partys. Das Ganze wird immer von Musik begleitet. Karibische Klänge passen dazu am besten.

Lust auf einen Versuch? Dann nichts wie rein in bequeme Klamotten, denn mit einem engen Rock seid ihr chancenlos! Auch die schicken Schuhe stören nur. Tanzt stattdessen auf Socken oder gleich barfuß. Sucht euch eine passende Musik aus. Findet ihr nichts Karibisches in eurer Sammlung, nehmt ihr etwas anderes mit möglichst viel Rhythmus. Jetzt braucht ihr nur noch eine Befestigung für den Stab oder das Seil. Bestens geeignet ist eine Sprossenleiter oder ein Rankgitter. Ein Seil lässt sich dort gut in unterschiedlichen Höhen befestigen, ohne dass ihr jedes Mal nachmessen müsst. Das ist wichtig, damit ihr beide unter gleichen Bedingungen antretet. Die Stange hängt ihr einfach ein. Eine Befestigung braucht ihr nur für eine Seite eures Limbostabes. Die andere haltet ihr abwechselnd möglichst waagerecht fest, bis ihr selbst wieder an der Reihe seid. Viel Spaß beim Tanzen und Verbiegen!

SKATE-PARCOURS

Das braucht ihr: Handgelenk-, Ellenbogen- und Kniegelenkschützer, einen Helm, Inlineskates oder Skateboard, Markierungshütchen oder andere Bodenmarkierungen, Straßenkreide, Seil, Bretter, Ziegelsteine

Seid ihr gerne mit Inlinern oder auf dem Skateboard unterwegs? Wenn ihr euch auf den rasanten Sportgeräten einigermaßen sicher fühlt und die Grundtechniken beherrscht, findet ihr vielleicht auch Spaß daran, einen eigenen Skate-Parcours zu bauen. Geradeaus zu fahren ist gut, Hindernisse zu überwinden oder sogar Kunststücke zu vollführen noch viel besser. Etwas Mut solltet ihr allerdings mitbringen, denn Stürze lassen sich nicht ganz vermeiden!

Für die Übungsstrecke benötigt ihr einen asphaltierten Platz. Das kann eine große Garageneinfahrt sein, ein Hof oder ein leerer Supermarktparkplatz am Wochenende. Dort könnt ihr dann allerdings keine festen Hindernisse aufbauen. Ein einfacher Geschwindigkeits-Parcours lässt sich mit Kreide auf den Boden malen. Nach der Startlinie kommt eine gerade Strecke, um Fahrt aufzunehmen, danach ein enger Slalom. Ein Kringel markiert die Wende für die anschließende Rückwärtsfahrt, der Doppelstrich oder ein flach gespanntes Seil den Sprung. Wer ist am schnellsten wieder im Ziel?

Etwas professioneller wird die Strecke durch Markierungshütchen und feste Hindernisse, wie z. B. Rampen und Wippen. Aus Ziegelsteinen und ein paar Brettern sind sie schnell gebaut. Doch Vorsicht! Prüft sie vor dem Rennen auf Stabilität und Sicherheit. Letztgenannte geht immer vor, deshalb sind gute Schutzkleidung und ein Helm Pflicht!

MINIOLYMPIADE

Das braucht ihr: *Papier, Erdnüsse, Wattebällchen, Taschenbücher, Maß-band, Seil, Preise und Urkunden für die Sportler, kleine Tütchen*

Habt ihr für den nächsten Kindergeburtstag schon eine Idee? Eure kleinen Freunde wollen nämlich nicht nur lecker essen, sondern vor allem eine Menge Spaß haben und beschäftigt werden. Eine Miniolympiade bietet da eine tolle Alternative zu den üblichen Prinzessinnenpartys.

Wie bei einer richtigen Olympiade durchlaufen die Sportler verschiedene Disziplinen. Sie treten im Wettkampf gegeneinander an und küren einen Sieger. Urkunden, Pokale oder andere Preise dürfen deshalb auf keinen Fall fehlen. Ihr braucht immer mindestens einen Hauptgewinn pro Sportart und genügend Trostpreise für die Unterlegenen. Wenn ihr vorher für jeden Gast ein Tütchen beschriftet, können die Trophäen darin gesammelt werden und dienen gleichzeitig als kleines Andenken, das eure Gäste mit nach Hause nehmen können.

Denkt euch möglichst lustige Wettbewerbe aus. Der Spaß hat hier eindeutig Vorrang vor sportlichen Höchstleistungen. Wie wäre es damit:

1. **Erdnussweitwurf**
   Nehmt ungeschälte Nüsse, so könnt ihr das Sportgerät hinterher vernaschen. Markiert die Startlinie mit einem Seil.
2. **Weitsprung rückwärts**
   Wer schafft aus dem Stand den größten Hüpfer nach hinten?
3. **Papierflieger**
   Wer baut am schnellsten? Welcher Flieger kommt am weitesten?
4. **Buch-Balancieren**
   Wer kann den ollen Wälzer am längsten auf dem Kopf behalten?
5. **Wattefußball**
   Ein Wattebausch muss über eine festgelegte Distanz gekickt werden. Man muss ihm viele kleine Tritte geben. Wer schafft das in der kürzesten Zeit?

RODELWETTBEWERB

Das braucht ihr: mehrere Schlitten, warme Kleidung, Handschuhe, Mütze, Stoppuhr, Stöckchen oder andere Markierungen

Der erste Schnee im Jahr ist für Kinder immer ein freudig begrüßtes Ereignis. Umso mehr, wenn die Menge dann auch noch reicht, um rodeln zu gehen. Dann hält die Kleinen nichts mehr im Haus. Bei der Aussicht auf eine Schlittenpartie stellen sie einen neuen Geschwindigkeitsrekord auf – nie waren sie so schnell im Schneeanzug und in den Stiefeln. Fehlen nur noch Handschuhe und die Mütze und es geht los! Ab auf den Schlitten und auf zum nächsten Rodelberg!

Für die kleine Tochter reicht ein sanft abfallender Hügel, größere Kinder mögen es steiler und rasanter. Wie die Mützenbänder im Fahrtwind flattern und die Augen leuchten! Nach ein paar Abfahrten, wenn sich der erste Überschwang gelegt hat, veranstaltet ihr einen Rodelwettbewerb. Habt ihr mehrere Schlitten, könnt ihr direkt gegeneinander antreten, sonst messt ihr die Zeit mit der Armbanduhr oder einer Stoppuhr. Wer ist am schnellsten wieder auf dem Hügel, wer als Erste wieder unten? Gibt es Tricks, um die Abfahrt zu beschleunigen? Wer hat die Nase vorn im Rennen durch die weiße Winterlandschaft? Auf die Plätze, fertig, los!

Ist kein Berg in der Nähe, startet ihr als Alternative einen Schlittenslalom-Wettlauf. Das geht wunderbar auf ebenen Flächen. Markiert die Slalomstrecke mit Stöckchen oder anderen Gegenständen. Um sie herum müsst ihr den Schlitten nun so schnell wie möglich ziehen. Wenn ihr zwei Mamas und zwei Töchter seid, können die Mamas auch als Zugtiere gegeneinander antreten, während die Töchter hinten anfeuern. Oder andersherum: Habt ihr genug Kraft, die Mama ein Stück weit auf dem Schlitten zu ziehen?

121

MINIHOCHSEILGARTEN

Das braucht ihr: Bäume, Slacklines, Seile, dicke Taue, Spanngurte, alte Leiter, dicke Holzklötze, Bretter

Klettern und Balancieren erfordern Mut und Geschicklichkeit. Nebenbei macht es eine Menge Spaß. Kinder lieben es, sich von Seil zu Seil zu hangeln, daran wie Tarzan durch die Lüfte zu schwingen oder als Abenteurer auf schwankenden Holzbrücken tiefe Schluchten und reißende Flüsse zu überwinden. Auch wenn der Fluss nur der Löschteich eines Dorfes ist und die Schlucht die Ritze zwischen zwei Bodenplatten.

Mit wenig Aufwand bauen Mama und Tochter selbst ihre eigene Abenteuerwelt. Die zu bezwingenden Wege müssen nicht in schwindelnder Höhe sein, ein halber Meter über dem Boden reicht völlig aus. Dann braucht ihr auch keine Sicherungen beim Klettern, denn ein Sturz aus dieser Höhe ist in aller Regel völlig ungefährlich. Spannt lange Seile zwischen den Bäumen. Ein Seil dient zum Balancieren, ein weiteres, das ungefähr anderthalb Meter höher befestigt wird, ist das Halteseil. Im Fachgeschäften, z. B. für Kletter- und Outdoor-Bedarf, gibt es auch spezielle Slacklines, das sind breite Gurtbänder, auf denen ihr, wie im Zirkus die Seil-

tänzer, euren Gleichgewichtssinn trainieren könnt. Befestigt einfach dicke Taue an stabilen Ästen. Schwingt an ihnen zum nächsten Seil oder benutzt sie zum Klettern.

Aus einer alten Sprossenleiter wird ein prima Gerät zum Hangeln, wenn ihr sie waagerecht in die Bäume hängt. Aus Brettern und Seilen baut ihr Tritte für eine Schwingbrücke, dicke Holzklötze werden zu Steinen im wilden Fluss. Achtet darauf, dass sie fest stehen und nicht umfallen, wenn ihr von einem zum anderen hüpft! Ladet andere Kinder ein und veranstaltet einen Kletterwettbewerb.

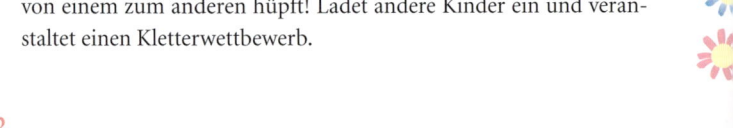

FANG MICH DOCH!

Das braucht ihr: Platz zum Rennen, Kondition

Bewegung tut gut. Rennen macht Spaß. Alle Kinder spielen gerne Fangen. Wer kann schneller laufen, wer schlägt die besseren Haken und entwischt dem Fänger? Wollt ihr euch einmal so richtig austoben, ist rennen prima. Ihr braucht keine zusätzlichen Geräte oder Hilfsmittel, keine Vorbereitung, sondern lauft einfach los, wann immer euch danach ist.

Die Regeln sind simpel. Einer spielt den Fänger. Seine Aufgabe besteht darin, den oder die Läufer zu kriegen. Wer gefangen wurde, wird der nächste Fänger. Das geht solange, bis ihr keine Lust mehr habt, zu spielen, oder zu schlapp seid, um noch weiter zu laufen.

Es gibt jede Menge Varianten, deshalb wird es nie langweilig. Wie wäre es zur Abwechslung, Fangen nur auf einem Bein zu spielen? Hüpft so schnell ihr könnt! Erst nur auf dem rechten Bein, dann wechselt ihr auf das linke. Mit welchem Bein hüpft ihr schneller? Fangen lässt sich auch rückwärts spielen. Passt dabei auf, dass ihr nicht stolpert oder gegeneinanderlauft!

Eine weitere Alternative ist der Krebsgang. Dabei lauft ihr auf allen Vieren, der Bauch zeigt nach oben. Krabbelt so flink es geht. Am angenehmsten rennt es sich als Krebs auf einer Wiese, denn ein harter Untergrund ist für die Hände nicht so angenehm. Das Gegenteil vom Krebs ist der Elefant. Stellt euch wie das Dschungelkind Mogli auf Hände und Füße, der Po wird hoch in die Luft gereckt. Welcher kleine Elefant fängt die anderen am schnellsten?

123

STRASSENHOCKEY

Das braucht ihr: Hockey- oder Kricketschläger, Spielfeld- und Tormarkierungen, Kreide, einen Tennisball

Beim Hockey reicht es nicht, nur schnell laufen zu können. Auch der sichere Umgang mit dem Ball ist wichtig, um ein Tor zu schießen. Diese Kombination aus Geschwindigkeit und Geschicklichkeit macht den Reiz des Spiels aus.

Für ein Hockeyspiel braucht ihr nicht unbedingt eine ganze Mannschaft. Ihr könnt auch zu zweit gegeneinander spielen, wenn die Geschwister und Nachbarskinder gerade keine Zeit haben. Das macht genauso viel Spaß. Besondere Kleidung ist auch nicht nötig. Hauptsache, ihr könnt euch gut darin bewegen. Das wichtigste Utensil ist der richtige Schläger. Zum Spielen auf der Straße braucht ihr einen Hockey- oder einen Kricketschläger. Eishockeyschläger gehen nicht, sie sind viel zu lang. Mit ihnen würdet ihr ständig stolpern, und die Verletzungsgefahr wäre zu groß.

Spielt in einer ruhigen Straße, am besten in einer Spielstraße. Es macht wenig Spaß, andauernd für durchfahrende Autos zu unterbrechen. Gefährlich ist der Verkehr obendrein. Am Sonntag lässt es sich auch prima auf leeren Supermarktparkplätzen spielen. Markiert euer Spielfeld mit Kreide oder Steinen. Auch das Tor legt ihr auf diese Art fest. Dann geht es gleich los!

Ziel des Spiels ist, den Tennisball so oft wie möglich in das gegnerische Tor zu schießen. Wer die meisten Treffer hat, gewinnt. Damit ihr euch nicht verletzt, darf der Ball mit dem Schläger nur über den Boden geschoben werden. Der Ball soll nicht abheben. Hohe Schüsse sind tabu!

Das braucht ihr

Acrylfarben
Akkuschrauber
Alufolie

Backpapier
Bastelfilz
Bilderhaken
Bindfaden
Bleistift
Blumendraht
Bohrmaschine
Bretter
Buntstifte

Computer
Cutter

Dosen
Drachenschnur
Drucker
Dübel

Faden
Farben
Filzstifte
Fotoapparat
Fotopapier

Garn
Gartenschere
Geschenkband
Gießkanne
Gipsbinden
Glasflaschen
Glitzer
Gummibänder
Gummistiefel

Hammer
Handbohrer

Holzkugeln
Holzlack
Holzleim
Holzschrauben

Isomatte

Joghurtbecher

Kaffeefilter
Kanthölzer
Klarlack
Klebefilm
Klebstoff
Kleister
Klopapier
Knete
Kochlöffel
Kochtopf
Kompass
Kordel
Korken
Kreide

Landkarte
Laubsäge
Lebensmittel-
  farben
Leisten
Lineal
Löschpapier
Luftballons
Luftpumpe
Lupe

Maßband
Messer
Metermaß
Muttern
Mütze

Nägel
Nähnadel
Notizbuch

Paketschnur
Papier
Pappe
Pergamentpapier
Perlen
Permanent-
  Marker
Pinsel
Plane
Plastikdose
Plastikflasche
Plastiktüten
Pralinen-
  schachteln
Prospekthüllen
Putzlappen

Regenhose
Regenjacke
Reis
Rinde
Rucksack

Säge
Schal
Schaschlik-
  Spieße
Schaufel
Schere
Schmirgelpapier
Schnur
Schnürsenkel
Schrauben
Schrauben-
  schlüssel
Schraubhaken

Schwamm
Seife
Seile
Sperrholzplatten
Spritzbeutel
Spülmittel-
  flaschen
Stadtplan
Steine
Stoffreste
Stoppuhr
Strickleiter
Strohhalme

Tacker
Tapetenkleister
Taschenlampe
Textilfarbe
Thermoskanne®
Transparent-
  papier

Vaseline
Verpackungs-
  band

Wachstuch
Wäsche-
  klammern
Wäscheleine
Wasserwaage
Winkelmesser
Wolle

Zahnstocher
Zapfen
Zeitschriften
Zeitungen
Zellophanpapier
Zwirn

Bildnachweis